AI와 한국어 교육

AI문고

인공지능 시대입니다. 기계가 인간의 인지를 대신하고, 사물이 인간을 통하지 않고 다른 사물과 직접 커뮤니케이션합니다. 이에 따른 인간 삶과 문명 변화를 정확히 이해·예측·대응하는 것은 이 시대 우리 모두의 과제입니다. AI문고는 인공지능 기술과 환경의 여러 주제를 10가지 키워드로 정리합니다. 관련 개념과 이론, 학계와 산업계의 쟁점, 우리 일상의 변화를 다룹니다. 인간과 기술의 현재, 미래를 세심히 분석합니다.

일러두기

- 인명, 작품명, 저서명, 개념어 등은 한글과 함께 괄호 안에 해당 국가의 원어를 병기했습니다.
- 외래어 표기는 현행 어문규정의 외래어표기법을 따랐습니다.

처음이세요?

전문가세요?

AI와 한국어 교육

안재린

대한민국, 서울, 커뮤니케이션북스, 2025

AI와 한국어 교육

지은이 안재린
펴낸이 박영률

초판 1쇄 펴낸날 2025년 10월 27일

커뮤니케이션북스(주)
출판 등록 2007년 8월 17일 제313-2007-000166호
02880 서울시 성북구 성북로 5-11
전화(02) 7474 001, 팩스(02) 736 5047
commbooks@commbooks.com
www.commbooks.com

ISBN 979-11-430-1205-0 03500

책값은 뒤표지에 표시되어 있습니다.

차례

AI 시대, 한국어 교육의 새로운 패러다임

최근 한국어는 명실상부 전 세계에서 가장 주목받고 있는 언어다. 한국 아이돌의 해외 공연에서 외국인 팬들이 한국어 노래를 따라 부르는 일은 더 이상 놀라운 일이 아니다. 최근 선풍적인 인기를 끌고 있는 미국 애니메이션 〈케이팝 데몬 헌터스〉(2025)에는 "가자" 같은 한국어가 자연스럽게 등장한다.

케이팝과 영화, 드라마로 대표되는 한류가 전 세계로 퍼지고 있다. 여기에 유튜브나 넷플릭스 같은 디지털 플랫폼이 언어 장벽을 낮추면서 한국어 원어로 콘텐츠를 즐기려는 시청자도 늘었다. 이러한 흐름은 자연스럽게 한국어에 대한 관심으로 이어졌고, 학습 동기 역시 커지게 됐다. 이 관심은 실제 학습 수요에서도 나타난다. 대표적으로, 해외 한국어 교육과 한국 문화 보급을 맡고 있는 세종학당은 2007년 3개국 13개소에서 2024년 88개국 256개소로 확대됐고, 수강생도 같은 기간 740명에서 21만 명을 넘어섰다. 외국 대학들도 또한 한국어 강좌를 적극적으로 개설하고 있다. 미국 현대언어협회(Modern

Language Association)는 한국어를 2020년대 미국 내에서 가장 빠르게 성장하는 외국어 중 하나로 꼽았다. 스페인어, 프랑스어 등 다른 외국어 과목의 수강생 수가 전반적으로 줄어들고 있는 것과 대비되는 현상이다.

한국으로 오는 유학생 수도 급증했다. 한국교육개발원(KEDI) 조사에 따르면 2024년 국내 대학에서 공부하고 있는 외국인 유학생은 20만 8962명이다. 2016년 처음으로 10만 명을 넘은 뒤 매년 꾸준히 증가한 것으로, 조사 결과를 처음 공개한 2003년과 비교하면 약 17배 증가한 수치다.

하지만 이 화려한 수치 뒤에는 간과하기 쉬운 문제가 있다. 양적 성장이 반드시 학습 수준의 성장을 의미하지는 않는다는 것이다. 수많은 학습자가 입문 단계에서 한국어를 접하지만 그중 상당수는 초급 단계에 머무른다. 대부분의 학교 및 기관 역시 초급 과정 위주로 운영되고, 중급과 고급으로 나아가는 학습자는 급격히 줄어든다. 이러한 흐름은 미국 대학의 한국어 과목 수강 실태를 분석한 결과에서도 확인할 수 있는데, 첫 학기 이후 80% 이상의 수강생이 이탈하는 것으로 나타났다(Damron & Forsyth, 2012). 스페인어, 프랑스어, 독일어가 12~24% 수준의 이탈률을 보이는 데 비해 상당히 높은 숫자라고 할 수 있다. 이렇게 높은 이탈률은 취미나 한류에 대한 팬심에서 출발한 관심이 장기적이고 체계적인 학습으로 이어지지 않음을 보여 주는 것으로 해석할 수 있다.

이러한 상황에서 AI(Artificial Intelligence, 인공지능)의 등장과 급속한 발전은 한국어 학습에도 변화를 불러왔다. 실시간 대화와 번역이 가능해지면서 우리는 이제 외국어를 배우지 않아도 소통이 가능한 시대에 살게 되었다. 그에 따라 한국어 학습의 의미와 목적을 다시 점검하고 AI가 초래할 한국어 학습의 새로운 차원의 변화에 대응할 필요가 생겼다. 그렇다면 지금 왜, 그리고 무엇을 위해 외국어를, 더 나아가 한국어를 배워야 할까?

AI 가 불러온 외국어 학습의 변화

외국어 교수 · 학습은 이론과 기술의 발전이 맞물리며 진화해 왔다. 외국어 교수법은 문법-번역식(Grammar-translation)에서 청각 구두식(Audio lingual) 훈련으로, 이어 의사소통 중심(Communicative Language Teaching)으로 패러다임이 바뀌어 왔다. 그리고 이러한 패러다임 변화의 배경에는 늘 기술의 변화가 있었다. 종이책과 사전에서 테이프와 CD, 컴퓨터와 스마트폰으로 이어지는 기기의 발전은 학습 방식과 환경에 지대한 영향을 미쳤고, 온라인 플랫폼의 확산은 언어 학습의 장벽을 보다 낮추며 접근성과 몰입도를 크게 높였다.

2022년, 챗GPT(ChatGPT)-3.5의 등장과 AI라는 도구의 상용화는 이 흐름을 또 한 번 크게 뒤흔드는 계기가 되었다. 이 변화는 지금까지 언어 학습에서 사용되었던 다른 도구들과는 비교할 수 없을 만큼 거대하고 빠르게 진행되고 있다. 대규모 언어 모델(LLM, Large Language Model)을 기반으로 하는 AI는 방대한 학습 데이터와 맥락 이해 능력 덕분에 실시간 번역과 자연스러운 대화, 글쓰기까지 제공하며 외국어 학습에서 기대와 우려를 동시에 불러일으키는, 주목할 존재로 떠올랐다. 학습 편의성을 크게 높였지만, 이제 더 이상 외국어를 배울 필요가 없다는 회의론으로 학습 동기를 약화하고, 언어 자체의 가치를 축소하는 목소리가 생겨나기 시작했기 때문이다. 이제 우리는 외국어 학습의 필요성 자체를 다시 물어야 하는 시점에 서 있다.

AI 시대, 한국어 학습은 여전히 유효한가?

외국어를 배우는 것은 고통스러운 일이다. 새로운 소리와 문자를 배우고, 낯선 문법을 익히는 것을 넘어 말이 쓰이는 맥락과 문화적 배경도 이해해야 한다. 그리고 배운 지식을 자연스럽게 활용하기 위해서는 끊임없는 반복도 필수적이다.

이처럼 많은 노력을 들여서라도 외국어를 배우는 이유는 지금까지 명확했다. 배우지 않으면 소통할 수 없었기 때문이다. 여행, 유학, 취업 같은 실질적 필요는 학습을 필수적으로 만들었고, 학습 과정에서 오는 성취감과 보상도 분명했다. 하지만 지금은 상황이 달라졌다. AI에게 이야기를 하면 즉각 번역을 해 줄 뿐 아니라, 여러 언어가 섞인 표현도 자연스럽게 이해하고 대답해 준다. 휴대 기기에 간편하게 설치한 앱으로 실시간 통역을 할 수 있고, 사진을 찍어 올리면 몇 초 만에 만족스러운 번역도 받을 수 있다. 이쯤 되면 이런 질문을 하지 않을 수 없다. 우리는 여전히 외국어를 배워야 할까?

한국어는 배우기 쉬운 외국어가 아니다. 특히 영어를 모국어로 쓰는 사람들에게 한국어는 가장 배우기 어려운 언어 중 하나로 꼽힌다. 미국 국무부 산하의 외교관연수원(FSI, Foreign Service Institute)은 외국어의 난이도를 1단계부터 5단계까지 구분하는데, 한국어는 중국어, 아랍어 등과 함께 가장 어려운 5단계(Category V) 언어에 속한다. FSI의 기준에 따르면, 영어권 학습자가 한국어로 전문적인 업무를 수행할 수 있는 수준(professional working proficiency)에 도달하려면 약 2,200시간, 즉 하루에 5시간씩 주 5일 공부한다고 가정했을 때, 약 2년에 가까운 기간의 학습이 필요하다.

한국어 학습자의 상당수는 취미나 한류 팬심에서 학습을 시작한다. 관심 차원의 학습자가 많기 때문에 중·고급으로 이어지는 경우도 드물다. 간단한 의사소통 정도만 할 수 있어도 목표가 쉽게 충족되기 때문이다. 이런 상황에서, 한글을 어느 정도 읽고 AI를 활용할 수 있게 된 학습자의 흥미와 수요를 꾸준히 유지하는 일은 점점 더 어려워지고 있다.

언어 학습의 본질과 의미

미국 언어학자 로버트 파우저(Robert Fouser, 1961~)는 최근 칼럼에서 AI 시대 외국어 학습의 필요성에 대한 견해를 세 가지로 정리했다. 첫째, AI와 번역 기술이 발달했으니 더 이상 외국어를 배울 필요가 없다는 입장, 둘째, 사람 사이의 소통은 AI가 대체할 수 없기 때문에 외국어 학습은 여전히 의미가 있다는 입장, 마지막으로 두 관점을 절충해 학습의 가치와 가능성을 새롭게 탐색하려는 입장이다. 이들 견해를 따라가다 보면, 자연스럽게 언어 학습의 본질이 무엇인지 되묻게 된다.

이 질문을 더 깊이 이해하기 위해 철학자들의 시선을 잠시 빌려 보자. 독일 철학자 하이데거(Martin Heidegger, 1889~1976)는 "언어는 존재의 집"이라고 말하며, 언어를 단순한 의사소통 수단이 아니라 인간 존재의 본질과 맞닿아 있는 것으로 보았다. 언어는 우리의 정체성을 형성하고, 세계를 이해하는 핵심 매개체이자, 인간이 세계와 관계 맺고 스스로의 존재 의미를 탐색하는 공간이다. 이러한 맥락에서 보면, AI가 제공하는 언어는 어디까지나 도구적 차원에 머무른다. 그러나 인간에게 언어는 단순한 표현 수단이 아니라, 존재를 드러내는 방식이다. 인간이 언어를 통해 사고하고 정체성을 형성하는 경험을 AI는 대신할 수 없다.

오스트리아 철학자 비트겐슈타인(Ludwig Wittgenstein, 1889~1951) 역시 언어의 본질에 주목하며 "내 언어의 한계는 내 세계의 한계를 의미한다"라고 말했다. 우리가 표현하고 개념화할 수 있는 세계의 범위가 언어의 범위에 의해 결정된다는 것이다. 외국어 학습 맥락에서 이 통찰은 중요한 의미를 갖는다. 새로운 언어를 배운다는 것은 단순히 다른 말하기 방식을 익히는 것이 아니라, 새로운 개념과 표현을 통해 세상을 이해하는 방식을 넓히는 경험이기 때문이다.

이러한 논의를 정리해 보면, AI만으로는 해결되지 않는 외국어 학습의 고유한 가치가 분명히 존재한다. 언어를 배우는 과정에서 학습자가 스스로 의미를 발견하고 사고와 시야를 확장하는 경험이야말로 학습자가 스스로 계속 배우고 싶게 만드는 원동력이자, 성취감으로 자리 잡는다. 이러한 경험은 기술이 대신할 수 없다.

AI와 기술의 발전은 분명 거스를 수 없는 흐름이다. 무조건 배척할 수도, 그렇다고 모든 학습을 AI에 의존할 수도 없다. 결국 중요한 것은 학습자가 언어 학습의 본질적인 의미를 깨닫도록 하는 것, 그리고 그 과정에서 AI라는 도구를 어떻게 효율적으로 활용할지 고민하는 것이다. 학습자의 목표에 맞춰 AI를 협력적 파트너로 삼고, 그 과정에서 언어 능력을 확장하는 교육 설계가 그 어느 때보다도 필요하다.

이 책의 구성

이 책은 다음과 같이 구성되어 있다. 1장에서는 외국어 학습 패러다임의 변화와 기술 발전의 흐름을 정리하고, AI가 이 흐름 속에서 언어 학습 방식을 어떻게 바꾸고 있는지 큰 틀에서 살펴본다. 2장에서는 AI가 등장한 한국어 교실의 변화된 모습과 함께, 한국어의 언어적 · 문화적 특수성, 그리고 학습자들이 AI를 인식하고 활용하는 방식을 살펴본다. 3장에서는 기계 번역과 생성형 AI (Generative AI)의 특징을 살펴보고, 두 기술이 한국어 교수 · 학습 현장에 어떻게 활용될 수 있는지 살펴본다. 4장에서는 AI를 효과적으로 활용하기 위한 프롬프트 (prompt) 작성의 핵심 원리를 살펴보고, 한국어 교육 현장에 적용할 수 있는 사례를 소개한다.

다음 5, 6, 7장에서는 한국어 교실에서 AI가 쓰기 교육과 피드백, 그리고 말하기 교육에 가져온 변화를 살펴본다. 5장에서는 학습자의 목소리와 창의성을 지키면서 AI를 협력적 도구로 활용하는 쓰기 교육의 방향을 제안한다. 6장에서는 교사와 AI 피드백의 특징을 비교하며 효과적인 피드백 활용 방안을 모색한다. 이어 7장에서는 말하기 학습에서 AI가 제공하는 새로운 기회에 대해 알아보고, 이를 교육 현장에서 활용할 수 있는 구체적인 모형을 소개한다.

8장과 9장에서는 AI가 불러온 윤리적 쟁점을 짚어 보고, 이에 따라 새롭게 설계되어야 할 AI 정책과 세부 지침을 살펴본다. 마지막 10장에서는 AI 시대를 맞아 변화하고 있는 교사의 역할과 앞으로의 과제를 논의하며 마무리한다.

이 책은 AI와 한국어 교육의 융합이 가져올 변화와 과제를 살피고, 그 속에서 발견할 수 있는 교육적 활용 가능성을 독자와 함께 고민하고 탐색하기 위해 쓰였다. AI 시대에 한국어 교육이 어디에 서 있는지 점검하고 앞으로 나아갈 방향을 모색하는 과정에서, 저자는 교사 교육과 기술 기반 언어 교육이라는 연구 관심사를 중심에 두되 학술 논문뿐 아니라 책, 기사, 개인적 경험 등 다양한 자료를 폭넓게 참고해 누구나 쉽게 읽을 수 있도록 풀어 썼다. 특히 일부 자료 검색에는 AI 도구 퍼플렉시티(perplexity)를, 문장 다듬기에는 챗GPT를 활용해 집필 과정 자체에서도 AI의 가능성을 시험해 보았다. 이 책이 한국어 교육에서의 AI 활용과 역할을 고민하는 교사와 연구자, 예비 교원은 물론 AI 시대의 언어 학습에 관심이 있는 누구에게나 도움이 되었으면 하는 바람이다.

참고문헌

로버트 파우저(2024.4.17). "AI 시대… 외국어 공부 필요 없다?". 《한겨레》, https://www.hani.co.kr/arti/opinion/column/1137014.html

세종학당재단(2024.6). 《월간 똑똑》, https://www.ksif.or.kr/cop/bbs/selectBoardArticle.do?nttId=922000006274&bbsId=BBSMSTR_000000000071&pag

eIndex=1
한국교육개발원(2024.4.1). "2024년 국내 고등교육기관 내 외국인 유학생 현황", https://www.moe.go.kr/boardCnts/viewRenew.do?boardID=350&boardSeq=101034&lev=0&searchType=null&statusYN=W&page=1&s=moe&m=0309&opType=N

Damron, J. & Forsyth, J.(2012.8). Korean language studies: Motivation and attrition. *Journal of the national council of less commonly taught languages,* 12, pp.161-188, https://www.researchgate.net/publication/283504904_Korean_Language_Studies_Motivation_and_Attrition

Foreign Service Institute. Foreign language training. *US Department of State,* https://www.state.gov/foreign-service-institute/foreign-language-training

Heidegger, M.(1971). *On the way to language.* Harper & Row. 마르틴 하이데거. 《언어로의 도상에서》(2012). 신상희 옮김. 나남. https://static1.squarespace.com/static/5e265eb50aee2d7e8a81ae69/t/6010a5a4b2c89c56de764fae/1611703735788/On+the+Way+to+Language.pdf

Lusin, N. et al.(2023). Enrollments in languages other than english in US institutions of higher education. *Modern language association of America,* https://www.mla.org/content/download/191324/file/Enrollments-in-Languages-Other-Than-English-in-US-Institutions-of-Higher-Education-Fall-2021.pdf

Wittgenstein, L.(1922). *Tractatus Logico-Philosophicus.* 루트비히 비트겐슈타인. 《논리-철학 논고》(2020). 이영철 옮김. 책세상,

https://www.gutenberg.org/files/5740/5740-pdf.pdf

01
AI와 언어 교육 패러다임의 변화

기술은 칠판과 교과서를 넘어 컴퓨터, 스마트폰, 그리고 AI로 진화하며 교실의 풍경을 바꿔 왔다. AI는 이제 단순한 학습 보조 도구를 넘어, 언어를 배우고 가르치는 방식을 새롭게 정의하고 있다. 언어 교육 패러다임의 변화와 기술 발전의 흐름을 역사적 맥락 속에서 정리하고, AI가 만들어 낸 새로운 전환점을 짚어 본다.

기후 위기와 인공지능?

AI가 사고를 바꾸고 있다

AI는 우리 사회의 거의 모든 영역을 흔들고 있다. 단순히 새로운 도구 하나가 추가된 차원을 넘어, 우리가 지식을 이해하고 활용하는 방식까지 바꿔 놓고 있다. 미국 교육 전문가 보웬과 왓슨은 최근 《AI와 함께하는 교수법》에서 이렇게 말한다(Bowen & Watson, 2024).

> "인터넷이 우리와 지식의 관계를 바꾸었다면, AI는 우리와 사고의 관계를 바꿀 것이다(If the internet changed our relationship with knowledge, AI is going to change our relationship with thinking)."

인터넷은 과거 특정 부류가 독점하던 지식을 누구나 손쉽게 접할 수 있게 만들었다. 긴 텍스트를 깊이 읽어야만 정보를 얻을 수 있던 시절에는 이해력과 집중력이 중요했다. 반면, 인터넷 시대에는 손쉽게 접근할 수 있는 정보의 양은 폭발적으로 늘어났지만, 너무 많은 자료가 동시에 쏟아졌기 때문에 믿을 수 있는 정보를 가려내는 능력이 더 중요해졌다.

AI는 학습과 사고의 방식을 한 단계 더 변화시키고 있다. 이제 학습자는 정보를 직접 모으고 정리하기보다 AI

에게 질문을 하고, AI가 찾아낸 답변과 결론을 받아들이는 방식으로 학습을 하거나 일을 처리한다. AI는 인간보다 훨씬 빠르게 정보를 탐색하고 읽어 내며, 인간 대신 반복적이고 정교한 작업을 수행한다. 이렇게 사고의 일부가 AI로 외주화(outsourcing)되는 현상은 우리의 업무와 학습을 효율적으로 만들지만, 동시에 우리가 스스로 깊이 생각하고 판단하는 능력을 약화할 위험도 안고 있다.

그래서 이제 중요한 것은 AI를 어떻게 활용하느냐다. AI 시대에 필요한 역량은 단순한 사용법 이상의 것이다. AI를 단순히 답을 대신 찾아 주는 도구로 쓸 것인가, 아니면 사고를 자극하고 새로운 관점을 열어 주는 협력자로 활용할 것인가? 이 선택에 따라 학습의 방식과 결과는 크게 달라질 수 있다. AI와 함께 사고하고, 그 결과를 비판적으로 검토하며, 새로운 가치를 만들어 내는 능력이 앞으로의 교육에서 핵심 과제가 될 것이다.

외국어 학습 패러다임

다들 영어 혹은 외국어를 공부해 본 경험이 있을 것이다. 필자가 1990년대 초등학교에서 처음 영어를 배웠을 때 가장 기억에 남는 장면은 이렇다. 선생님이 반 전체를 향해 외친다.

"헬로, 에브리원! 하우 아 유?(Hello, everyone! How are you?)"

그리고 학생들은 익숙하게 정해진 대본처럼 한목소리로 대답한다.

"아임 파인, 땡큐, 앤드 유?(I'm fine thank you, and you?)"

이 장면은 특정 세대의 학습 풍경일 뿐만 아니라, 한 시대를 대표하는 외국어 교육 방식을 잘 보여 준다.

언어 교육 방법은 시대와 교육 철학, 그리고 기술의 변화에 따라 그 방법이 계속 달라져 왔다. 물론 한 가지 방식으로 깔끔하게 구분되는 것은 아니지만, 흐름을 정리하면 다음의 몇 가지 대표적인 패러다임이 있다.

문법-번역식 교수법

초기 외국어 교육 방법은 문법-번역식 교수법이었다. 이 방법은 외국어 텍스트를 읽고 번역하기 위한 도구로 간주하며, 학습의 최종 목표 역시 해당 언어의 문학 작품이나 글을 읽고 이해하는 데 두었다(Richards & Rodgers, 2001).

수업은 학습자의 모국어로 진행되었고, 문법 규칙을 설명한 뒤 이를 문장 번역 연습에 적용하는 연역적 방식이 중심이었다. "이 문장을 영어(혹은 한국어)로 번역하시오" 같은 과제가 대표적인 예시라고 할 수 있다. 이 방법에서는 정확성(accuracy)을 가장 중요한 가치로 여겼으며, 읽기와 쓰기 능력에 초점을 맞췄다. 하지만 말하기와 듣기 같은 구어 능력이나 의사소통 능력은 거의 고려되지 않아, 시험 점수는 높지만 실제 대화는 어려운 '시험 영어' 현상이 나타났다.

문법-번역식 교수법은 이론적 기반의 부재와 의사소통 능력 향상의 어려움 등의 이유로 19세기 중후반부터 비판을 받기 시작했다. 그럼에도 이 방법은 현재에도 여전히 일정 부분 사용되고 있는데, 교사가 특별한 기술을 갖추지 않아도 쉽게 가르칠 수 있고, 문법 규칙과 번역을 평가하는 시험은 만들고 채점하기가 수월하기 때문이다(Brown, 2014).

청각 구두식 교수법

제2차 세계대전은 미국의 외국어 교육에 큰 전환점을 가

져왔다. 전 세계 전선을 누비던 미군에게는 단기간에 다양한 언어로 소통할 수 있는 능력이 필요했다. 이를 위해 개발된 집중 언어 훈련 프로그램이 바로 군 특화 훈련 프로그램(ASTP, Army Specialized Training Program)이었다. 이 프로그램은 군인들에게 빠르게 회화 구사 능력을 길러 주기 위해 모국어 사용을 최소화하고, 목표 언어를 반복적으로 듣고 말하게 하는 방식으로 진행되었다.

이러한 군사 교육 경험은 행동주의(Behaviorism)와 구조주의 언어학(Structural linguistics) 이론과 결합하며 체계화되었다. 행동주의는 학습을 자극과 반응의 반복으로 보는 이론으로, 훈련을 많이 하면 몸에 익어 자동으로 반응하게 된다고 본다. 구조주의 언어학은 언어를 단어와 문법 같은 작은 단위로 나눠 분석하고, 이를 차근차근 쌓아 올리듯 가르쳐야 한다고 본다. 이 두 관점이 합쳐지면서, 청각 구두식 교수법이 탄생했다. 이 교수법은 외국어 학습을 "기계적 습관 형성 과정(a process of mechanical habit formation)"으로 보고, 정확한 발음과 문장 패턴을 반복 연습해 자동 반응처럼 튀어나오게 훈련하는 것이 핵심이었다(Richards & Rodgers, 2001).

그러나 이 방법은 의사소통 맥락을 고려하지 않고 반복 암기에 의존해, 실제 상황에서는 활용하기 어렵다는 한계가 드러나면서 점차 힘을 잃게 되었다.

의사소통 중심 교수법

1960년대 들어 언어학자 촘스키(Noam Chomsky, 1928~)는 당시 외국어 교육의 주류였던 언어를 습관으로 보는 관점에 반기를 들었다. 그는 언어 학습을 단순한 모방과 반복이 아니라 학습자가 스스로 문장을 만들고 표현하는 창조적 과정(Chomsky, 1971)으로 보았다. 같은 시기, 국제 교류와 여행이 활발해지면서 실제 소통 가능한 언어 능력에 대한 사회적 요구도 커지고 있었다. 이 변화는 자연스럽게 의사소통을 중심에 두는 새로운 접근법의 등장을 이끌었다.

의사소통 중심 교수법은 언어를 의사소통의 도구로 보고, 학습 목표를 의사소통 능력(communicative competence) 함양에 둔다(Hymes, 1972). 의사소통 능력이란 문법을 아는 것에서 나아가 특정 상황과 맥락에서 어떻게 말해야 하는지 아는 능력까지 포함한다. 따라서 의사소통 중심 교수법에서는 의미(meaning)가 핵심이다. 학생들은 역할극, 소그룹 토론 등을 통해 실제 상황과 비슷한 맥락에서 언어를 사용하며 학습한다. 문법은 맥락 속에서 간접적으로 제시되고, 정확성보다는 의미 전달이 우선시된다. "틀려도 좋으니 일단 말해 보자"라는 분위기가 형성되는 것도 특징이다.

물론 한계도 있다. 문법 학습이 부족해 정확성이 떨어질 수 있고, 수업 운영과 평가가 복잡해 많은 준비 시간이 필요하기도 하다. 학습자와 교사 모두에게 일정 수준의 창의성과 자율성이 요구되기 때문에, 시험 중심 문화에서는 적용이 쉽지 않다는 지적도 있다(Bax, 2003; Swan, 1985). 그럼에도 불구하고 의사소통 중심 교수법은 1990년대 이후 전 세계 외국어 교육의 주류로 자리 잡았고, 지금도 큰 영향을 미치고 있다. 이후 등장한 내용 중심 교수법(content-based instruction)이나 과제 중심 교수법(task-based language teaching) 등도 모두 의사소통 중심 교수법의 철학을 확장한 방식이라 할 수 있다(Richards, 2006).

기술과 언어 교육 흐름

기술(technology)과 언어 교육은 얼핏 들으면 동떨어진 주제처럼 보일 수 있다. 하지만 우리가 언어를 배우기 위해 사용하는 연필, 칠판, 전자사전, 컴퓨터, 심지어 오늘날의 AI까지 모두 넓게 보면 언어 학습을 위한 기술의 범주에 들어간다. 이 책에서 말하는 기술은 이렇게 전통적인 도구부터 최첨단 기술까지 포괄하는 개념이다.

예전 교실을 떠올려 보자. 칠판과 분필, 두꺼운 교과서에 줄을 긋고 문제를 풀던 학생들로 가득했다. 1990년대 들어 교실 한쪽에 컴퓨터가 놓였고, 학생들은 전자사전을 꺼내 모르는 단어를 찾았다. 지금의 학생들은 전자사전이라는 단어조차 낯설어한다. 모두 스마트폰으로 단어 검색은 물론 발음 확인까지 할 수 있기 때문이다. 이제는 유인물을 나눠 주는 일도 줄었다. 많은 학생이 개인 태블릿 PC에 수업 자료를 내려받고, 전자 펜슬로 필기를 한다.

기술의 발전은 이렇게 언어 교육의 풍경을 계속 바꿔 왔다. 그렇다면 컴퓨터에서 모바일, 그리고 AI로 이어지는 흐름 속에서 언어 교육은 어떤 변화를 겪어 왔을까?

컴퓨터의 등장: CALL의 시대

1980~1990년대, 개인용 컴퓨터가 보편화되기 시작하면서 컴퓨터 보조 언어 학습(CALL, Computer-Assisted Language Learning)이 빠르게 확산되었다. 초기 CALL은 행동주의적 교수법의 영향을 받아 문법과 어휘를 반복 연습하는 데 초점이 맞춰졌다. 말하자면 책 속의 연습문제를 컴퓨터 화면으로 그대로 옮겨 놓은 것이었다.

그러나 1990년대 들어 인터넷이 보급되고 음성, 이미지, 동영상 같은 멀티미디어 자료가 다양하게 개발되면서 CALL의 형태도 점차 변화했다. 대표적인 예가 로제타 스톤(Rosetta Stone)이다. 초기에는 시디롬 기반 프로그램으로 시작했지만, 이후 온라인 버전으로 확장되어 지금도 널리 사용되고 있다.

컴퓨터를 활용한 학습은 교사와 달리 무한 반복과 즉각적 피드백이 가능하다는 장점이 있었지만, 당시 확산되던 의사소통 중심 교수법을 충분히 반영하지 못해 실제적 언어 사용을 지원하는 데에는 한계가 있었다. 그러나 인터넷의 보급은 단순 반복 중심이던 CALL에 변화를 촉진했다. 인터넷을 통해 물리적 장벽이 무너지면서, 학습자는 더 다양한 자료에 쉽게 접근하고, 목표어 화자와 소통할 기회도 얻게 되었다. 이러한 변화는 학습자가 이전보다 다양한 방식으로 언어를 접하고 활용할 수 있는 기초를 마련했다.

손안의 교실: MALL의 시대

2000년대 후반, 특히 2007년 아이폰의 출시와 함께 스마트폰이 급속히 대중화되면서 모바일 보조 언어 학습(MALL, Mobile-Assisted Language Learning)이 본격적으로 시작되었다. 컴퓨터와 달리 모바일 기기는 휴대성이 뛰어나 언제 어디서든 학습을 가능하게 한다는 장점이 있었다. 이에 발맞춰 다양한 언어 학습 앱이 등장했다. 듀오링고(Duolingo) 같은 앱은 게임 요소를 결합해 학습자의 흥미를 돋우고, 구글 번역 같은 기계 번역(machine translation) 서비스도 일상 학습 도구로 자리 잡았다. 동시에 소셜 미디어와 유튜브의 확산으로 학습자들은 목표어 화자와 직접 소통하거나 드라마, 노래, 밈 같은 문화콘텐츠를 실시간으로 접하며 배우는 참여 문화(participatory culture)에 뛰어들었다(Godwin-Jones, 2017).

이러한 모바일 기기의 대중화는 언어 학습에서 교실 안팎의 경계를 무너뜨렸다. 학습자는 수업 시간 외에도 스마트폰으로 원하는 콘텐츠를 찾아보고, 관심사에 맞춘 학습 경험을 스스로 만들어 갈 수 있었다. 이런 비형식적 학습(informal learning)은 언어 학습을 훨씬 개인화하고 확장하는 계기를 만들었다.

그러나 한계도 분명했다. 많은 앱이 여전히 어휘 암기, 퀴즈, 플래시 카드 중심으로 설계되어 기술의 가능성을 충분히 살리지 못했다. 결국 기존의 컴퓨터가 그랬던 것처럼 기존 교수법을 새 기기에 옮긴 수준에 머무르는 경우가 많았고, 그 결과 학습자의 흥미도 오래 유지되기 어려웠다.

AI의 시대

컴퓨터와 스마트폰이 학습 도구이자 기기 자체의 변화였다면, AI는 그 위에서 작동하는 기술의 변화다. 2020년대 이후 등장한 생성형 AI는 언어 교육의 판도를 한층 더 빠르게 바꾸고 있다.

AI는 단순한 보조 도구를 넘어 대화 상대이자 글쓰기 코치, 때로는 튜터 역할까지 수행할 수 있다. 학습자의 질문에 맞춰 맞춤형 응답을 즉각적으로 하고, 교사처럼 문법이나 어휘를 설명하거나 예문을 만들어 주는 일도 할 수 있다. 개인화된 학습과 실시간 피드백이 가능하다는 점에서, AI가 언어 교육에 줄 수 있는 영향력은 매우 크다.

물론 우려도 있다. 학습자가 과도하게 AI에 의존해 스스로 생각하고 배우려는 의지를 잃어버린다거나, AI가 제공하는 정보의 신빙성이 문제가 된다. 여기에 더해 표절이나 개인정보 보호 같은 윤리적 쟁점도 제기되며, 이러한 문제들은 앞으로 풀어야 할 과제다.

기술의 발전은 교실 밖에서도 목표 언어와 문화를 접

할 수 있는 기회를 넓혀 왔고, 언어 학습은 점점 더 사회적 · 문화적 현상으로 자리 잡아 가고 있다(Warschauer, 2000). 그러나 새로운 기술이 학습 혁신의 가능성을 높였음에도, 실제 교실의 변화는 종종 도구만 달라졌을 뿐 방식은 그대로인 반복 학습에 머물렀다는 비판도 존재한다(Godwin-Jones, 2017).

CALL과 MALL이 언어 학습을 위한 도구의 변화를 보여 줬다면, AI는 학습의 방식과 사고 자체를 바꾸는 존재다. 단순히 자료를 찾아 주거나 연습 문제를 제공하는 수준이 아니라, 학습자의 언어 사용을 실시간으로 해석하고 피드백하며 함께 대화하는 학습 파트너로 진화했다. 이제 교사와 학생 모두 AI를 어떻게 교수 · 학습에 활용할 것인지에 대한 답을 찾아야 한다. 기술은 특별한 무언가가 아니라, 자연스럽게 수업에 녹아들어 학습을 돕는 동반자가 되어야 할 것이다.

참고문헌

Bax, S.(2003.7). The end of CLT: A context approach to language teaching. *ELT Journal,* 57(3), pp.278–287, https://www.researchgate.net/publication/251613624_The_end_of_CLT_A_context_approach_to_language_teaching

Bowen, J. A. & Watson, C. E.(2024). *Teaching with AI: A*

practical guide to a new era of human learning. Johns Hopkins University Press.

Brown, D.(2014). *Principles of language learning and teaching.* Pearson Education ESL.

Chomsky, N.(1971). "Implications for language teaching"(pp.152-159). In J. P. B. Allen & P. Van Buren(eds.). *Chomsky: Selected readings.* Oxford University Press.

Godwin-Jones, R.(2017.6). Smartphones and language learning. *Language learning & technology,* 21(2), pp.3-17, https://www.lltjournal.org/item/10125-44607/

Hymes, D.(1972). "On Communicative Competence"(pp.269-293). In J. B. Pride & A. Holmes(eds.). *Sociolinguistics.* Penguin, https://ia804509.us.archive.org/0/items/in.ernet.dli.2015.118785/2015.118785.Sociolongustics.pdf

Richards, J. C.(2006). *Communicative language teaching today.* Cambridge University Press, https://www.professorjackrichards.com/wp-content/uploads/Richards-Communicative-Language.pdf

Richards, J. C. & Rodgers, T. S.(2001). *Approaches and methods in language teaching.* Cambridge University Press, https://ia801609.us.archive.org/28/items/ApproachesAndMethodsInLanguageTeaching2ndEditionCambridgeLanguageTeachingLibrary_201610/__Approaches_and_Methods_in_Language_Teaching__2nd_Edition__Cambridge_Language_Teaching_Library_.pdf

Swan, M.(1985). A critical look at the communicative approach. *ELT Journal,* 39(1), pp.2-12, https://mikeswan.net/wp-content/uploads/2017/11/critlook1.pdf

Warschauer, M.(2000). "On-line learning in second language classrooms: An ethnographic study"(pp.41-58). In M. Warschauer & R. Kern(eds.). *Network-based language teaching: Concepts and practice.* Cambridge University Press, https://education.uci.edu/uploads/7/2/7/6/72769947/online_learning.pdf

02
한국어 교실로 들어온 AI

AI가 한국어 교실에 들어오면 수업 풍경은 어떻게 달라질까? 학생들은 이를 자연스럽게 받아들일까, 아니면 낯설어할까? 교실 속 AI의 실제 모습과 한국어라는 언어가 가진 특수성, 그리고 학생들이 AI에 대해 가지고 있는 생각을 살펴본다.

노래하는 AI 보컬?

AI와의 만남

필자가 처음 한국어 강사 일을 시작한 것은 2012년, 한국어 교육을 선도하던 대학 부설 언어 교육원에서였다. 그 시절 수업 준비로 가장 많은 시간을 들인 일은 의외로 복사와 코팅, 작두질이었다. 코팅한 그림 자료들을 잘라 칠판에 자석으로 붙여 학생들에게 보여 주었던 기억이 아직도 생생하다.

그로부터 십여 년이 지난 지금, 교실 풍경은 꽤 많이 달라졌다. 슬라이드는 기본이고, 학생들과 포털 사이트에서 자료를 함께 찾아보고, 한국 호텔 예약 앱이나 배달 앱을 내려받아 사용해 본다. 예전 교재에 등장하던 'MP3'나 '전자사전' 같은 단어는 더 이상 가르칠 필요가 없게 되었다. 공중전화를 본 적 없다는 학생도 심심치 않게 만난다. 코팅해 둔 어휘 카드들은 여전히 쓰지만, 이제는 어휘 교수를 위해 실시간 참여 플랫폼인 카훗(Kahoot)을 더 자주 사용한다. 복사물은 전자 피디에프(pdf) 파일로 대체되고, 자료는 온라인으로 공유된다.

그리고 최근, 수업 계획서에는 'AI 사용'이라는 새로운 항목이 추가됐다. 말하기 과제에서는 AI와 함께 대화를 연습하고, 글쓰기 과제에서는 AI 사용 범위를 명확히 안내한다. 어느새 AI가 교실 한가운데 들어와 함께 수업하는 시대가 된 것이다.

한국어 교육과 AI

2022년 말 공개된 챗GPT-3.5 이후, 한국어 교육 현장에서도 AI를 어떻게 활용할 수 있을지에 대한 관심이 빠르게 확산되었다. 이러한 흐름은 연구 동향에서도 확인된다. 한국어 교육에서 AI를 다루는 논의는 급격히 늘어나 학회 발표와 워크숍은 물론 학술 논문에서도 주요 주제로 자리 잡았다. 예컨대 한국 학술지 인용 색인인 KCI(Korea Citation Index)에서 '한국어 교육'과 'AI'를 함께 검색하면, 2022년 말에서 2024년 말까지 발표된 연구만 70여 편에 달하며(이남호, 2024), 현재는 100편에 가까워졌다. 현장의 교사들 역시 AI를 수업에 도입하려는 움직임을 적극적으로 보이고 있다.

한국어 교육에서 AI가 주목받는 이유는 언어 교육 전반에서 확인되는 공통적인 장점 때문이다. AI의 자연어 처리(NLP, Natural Language Processing) 기술은 텍스트 생성, 번역, 요약, 오류 수정 등 폭넓은 기능을 갖추고 있으며, 다양한 장르의 글을 인간과 유사한 수준으로 생산할 수 있다. 연구자들은 특히 AI를 외국어 교육에 활용했을 때 다음과 같은 강점이 있다고 주장한다.

첫째, 맞춤형 학습 지원이다. 학습자의 수준과 관심사에 맞춰 연습 문제를 생성하거나 관심 주제에 맞춘 예문을 제공할 수 있다. 둘째, 반복 학습과 실시간 피드백이다. 학습자가 작성한 문장을 곧바로 교정하거나 수정안을 제시하면서 자연스러운 상호작용을 이어 갈 수 있다. 셋째, 교사의 수업 설계 지원이다. 학생의 수준에 따라 난이도별로 대화문을 생성하거나, 읽기 자료에 맞춘 질문을 자동으로 제작하는 등, 수업 준비 시간을 줄이고 학습자 참여를 높일 수 있다(Hong, 2023; Baskara & Mukaro, 2023; Kohnke et al., 2023).

하지만 우려도 있다. 편향된 정보나 부정확한 답변, 윤리적 문제 등은 꾸준히 지적되는 AI의 약점이다(Baskara & Mukaro, 2023). 따라서 AI를 교육에 도입할 때는 지속적인 모니터링과 평가가 필요하며, 새로운 지침과 평가 기준 마련이 요구된다.

이처럼 AI는 한국어 교육의 풍경을 바꿀 잠재력을 지니고 있다. 그러나 단순히 기술을 도입하는 것만으로는 충분하지 않다. 한국어의 언어적 · 문화적 특수성을 반영하고, 학습 목표와 AI의 특성을 고려한 수업 설계가 이뤄질 때, 비로소 그 잠재력이 현실이 될 수 있다.

한국어의 특수성

저자가 교사로 참여하고 있는 여름 프로그램에서는 올해 제주에서 현장학습을 진행했다. 한국어와 문화를 배우러 온 학생들에게 지역 특색을 살린 수업을 제공했는데, 몇몇 활동에서는 설명과 안내를 영어로 번역해야 하는 상황이 생겼다. 모든 내용을 교사들이 직접 번역할 수는 없어 AI를 사용해 보았는데, 결과물을 확인한 순간 교사늘 모두 한바탕 웃고 말았다. 제주도 사람을 뜻하는 '제주인'이 'my master(나의 주인님)'로 번역되어 있었기 때문이다.

이 에피소드는 AI가 한국어를 다룰 때 여전히 한계가 있음을 보여 준다. 최근 기계 번역과 AI는 과거보다 훨씬 정확해지고 자연스러워졌지만, 여전히 한국어 특유의 오류가 발생한다. 그 이유는 크게 두 가지로 설명할 수 있다. 하나는 AI 학습 구조의 영어 중심성이고, 다른 하나는 한국어 자체의 언어적 · 문화적 특수성이다.

먼저 대부분의 대규모 언어 모델은 방대한 양의 영어 자료를 기반으로 학습된다. 영어는 웹상에서 가장 많은 데이터를 보유한 언어기 때문에, 이를 학습한 모델은 영어 문장 생성이나 번역에서 뛰어난 성능을 보인다. 반면, 한국어는 상대적으로 데이터양이 적다. 번역의 품질은 학습 데이터양과 밀접한 관련이 있으므로, 영어를 중심으로 학습한 모델은 한국어나 다른 언어로 번역을 하거나 텍스트를 생성할 때 상대적으로 정확도가 낮다(Goyal et al., 2021). 또한 AI는 과거 데이터를 기반으로 학습하기 때문에 변화하는 언어 표현이나 최신 문화적 맥락을 즉각 반영하기 어렵다는 지적도 있다(이남호, 2024).

다음으로 한국어 자체의 구조적 특징도 AI의 한국어 성능에 영향을 미친다. 대표적인 예가 한국어의 다양한 종결어미다. "밥 먹었니?", "밥 먹었냐?", "밥 먹었어?"는 모두 식사 여부를 묻는 표현이지만 듣는 사람이 느끼는 분위기와 관계의 친밀도는 서로 다르다. AI는 아직 이러한 미묘한 차이를 정확히 구분하지 못한다. 또한 한국어는 흔히 고맥락적 언어라고 불린다. 맥락과 사회적 관계가 대화에 깊이 반영되고, 직접적 의미보다 함축된 의중을 파악해야 하는 경우가 많다. 예컨대 "밥 먹었어?"는 안부 인사로도 쓰이지만, AI는 이를 "Did you eat?"으로 직역해 맥락을 살리지 못하는 경우가 많다. 한국어의 복잡한 높임법 체계도 AI가 자주 실수하는 부분이다. 맥락을 고려하지 못해 캐주얼한 상황에서 과도하게 높임 표현을 쓰거나, 격식을 차려야 할 상황에 낮춤 표현을 사용하는 등 부적절한 표현을 제안하기도 한다. 마지막으로,

한국어는 띄어쓰기 하나로도 의미가 완전히 달라질 수 있는 언어다. 앞서 언급한 '제주인'이나 교과서에 자주 등장하는 '아기다리고기다리던 소풍날'처럼, 띄어쓰기를 잘못 인식하면 엉뚱한 해석을 내놓을 수 있다.

이러한 언어적 특성과 구조의 한계 때문에 AI가 한국어 사용 맥락을 완벽히 재현하거나 실시간 대화 경험을 제공할 수 있는지에 대한 의문도 제기된다. AI가 한국어 대화를 완전하게 대체할 수 없는 만큼, 교실에서는 기술의 한계를 이해하고 이를 보완하는 방향으로 접근해야 한다. 따라서 한국어 교실에서 AI를 활용할 때는 특수성과 한계를 먼저 이해하고, 맥락 파악이나 뉘앙스 설명처럼 AI가 놓치기 쉬운 부분을 교사와 학습자 모두가 인식해야 한다. 동시에 한국어 맞춤형 데이터와 모델을 확충해 구조적 문제를 줄이는 노력 또한 병행되어야 할 것이다.

한국어 학습자의 인식

그렇다면 한국어 학습자들은 한국어 학습을 위해 어떤 도구를 사용할까? 기대와 우려처럼 이미 AI가 한국어 교실 현장을 장악했을까? 이 질문에 답하기 위해 필자는 2024년 봄 학기, 미국의 한 주립대학교에서 한국어를 배우는 대학생 96명을 대상으로 설문을 진행했다. 응답자의 대부분은 20대 초반으로 IT 친숙도와 기술 수용도가 높은 집단이었다. 그래서 AI를 더 활발히 쓰지 않을까 예상했지만, 결과는 의외였다.

학습자들이 가장 많이 사용하는 도구는 구글 번역기(Google Translate) 같은 기계 번역기였다. 그 외에도 네이버 사전 같은 온라인 사전과 검색 엔진, 퀴즐렛(Quizlet) 같은 학습 앱이 언급됐다. 하지만, 챗GPT 같은 AI를 실제로 사용한다는 학생은 손에 꼽힐 정도로 적었다. 온라인 도구를 사용하는 주된 목적은 모르는 단어 · 표현을 확인하거나 철자 · 문법을 점검하는 것이었고, 사전이나 번역기가 보여 주는 결과를 그대로 쓰기보다 여러 예문을 참고하거나 자기 문장과 비교하는 방식으로 활용하는 경향이 나타났다. 주로 사용하는 도구에 대한 만족도는 전반적으로 높았지만 AI에 대한 태도는 다소 복합적이었다.

국내외 학습자들을 대상으로 한 연구에서도 비슷한 결과가 나타난다. 박정아 · 안재린(2024a)은 한국어 학습자가 쓰기 과제를 할 때 온라인 사전이나 기계 번역기는 많이 사용하지만 AI는 거의 사용하지 않고 있다고 보고했다. 학습자들이 AI 활용을 꺼리는 이유는 다음과 같다(박정아 · 안재린, 2024b).

첫째, 정확도에 대한 불신이다. 학습자들은 한국어 번역 품질에 대한 의구심이 컸다. 또한 AI가 답변을 제공해주지만 답변을 준비하는 과정을 볼 수 없기 때문에 결과물을 믿기 어렵다고 느끼고 있었다. 둘째, 실력 향상에 부정적 역할을 미친다는 믿음이다. AI가 스스로 고민할 기회를 빼앗고, 학습 과정을 대신해 결과적으로 학습 효과를 떨어뜨린다고 인식했다. 셋째, 부정행위라는 인식이다. 수업에서 별도의 안내 없이 AI 사용이 금지되거나, AI를 사용하면 표절이라는 이야기를 많이 들어 불안하다고 했다. 마지막으로, 사용법에 대한 무지다. 학습자들은 이미 사용 중인 도구로 충분하다고 느끼고, 새로운 도구 사용법을 배우는 것을 번거롭게 여기고 있었다.

즉, 현재 한국어 학습자들은 AI를 도움을 주는 학습 보조 도구라기보다 학습 주도성을 빼앗는 도구로 보는 경향이 강하다. 이러한 학습자 인식은 앞으로 AI 기반 수업을 설계할 때 고려되어야 할 점이다.

참고문헌

박정아·안재린(2024a). "쓰기 과제 수행에서 국내외 한국어 학습자의 온라인 도구 사용 현황 연구: 기계 번역과 생성형 AI를

중심으로". 《우리말연구》, 78, 177-210쪽,
https://www.kci.go.kr/kciportal/ci/sereArticleSearch/ciSereArtiView.kci?sereArticleSearchBean.artiId=ART003105759

박정아·안재린(2024b). "한국어 쓰기에서 생성형 AI 사용에 대한 학습자 인식: AI 활용을 저해하는 요인을 중심으로". 《한국언어문화학》, 21(4), 91-117쪽,
https://www.kci.go.kr/kciportal/ci/sereArticleSearch/ciSereArtiView.kci?sereArticleSearchBean.artiId=ART003157004

안재린(2024.5.25). "한국어 학습자의 온라인 도구(online tools) 활용 실태 연구: 미국 내 학습자를 중심으로" 《제4회 성균 한국어학 및 반교어문학회·한성어문학회 공동 국제학술대회발표집》,
http://www.klbksk.com/wiki/index.php/SKKLIC_4th

이남호(2024). "생성형 AI를 활용한 한국어 교육 연구의 동향 분석: 토픽 모델링과 키워드 네트워크 분석을 중심으로". 《한국언어문화학》, 21(4), 159-182쪽,
https://www.kci.go.kr/kciportal/ci/sereArticleSearch/ciSereArtiView.kci?sereArticleSearchBean.artiId=ART003157019

Baskara, R. & Mukarto, M.(2023). Exploring the implications of ChatGPT for language learning in higher education. *Indonesian journal of english language teaching and applied linguistics,* 7(2), pp.343-358,
https://ijeltal.org/index.php/ijeltal/article/view/1387

Goyal, N. et al.(2021.6.6). The flores-101 evaluation benchmark for low resource and multilingual machine translation. *Transactions of the association for computational linguistics,* 10, pp.522-538. *ArXiv,* https://arxiv.org/abs/2106.03193

Hong, W. C. H.(2023.3.17). The impact of ChatGPT on foreign language teaching and learning: Opportunities in education and research. *Journal of educational technology and*

innovation, 5(1), pp.37–45,
https://jeti.thewsu.org/index.php/cieti/article/view/103
Kohnke, L. et al.(2023.4). ChatGPT for language teaching and learning. *RELC Journal,* 54(3), pp.537–550,
https://www.researchgate.net/publication/369743021_ChatGPT_for_Language_Teaching_and_Learning

03
기계 번역과 AI

단순한 단어 변환에서 출발한 기계 번역은 이제 문맥을 이해하며 더 자연스럽게 번역을 할 수 있게 되었다. 여기에 생성형 AI가 등장해 문체를 조정하고 대화형 피드백까지 제공하면서 번역 도구의 쓰임새는 더 넓어졌다. 두 기술이 가진 특징과 한국어 교육에서의 활용 가능성을 함께 살펴본다.

인공지능과 편향?

기계 번역의 진화

기계 번역(혹은 자동 번역기)은 흔히 수학에서 계산기를 쓰느냐의 문제와 비교되곤 했다. 계산기가 연산을 대신해 주듯 번역기도 빠르게 문장을 다른 언어로 바꿔 줄 수 있기 때문이다. 하지만 언어에는 한 가지의 정답이 아니라 맥락과 뉘앙스에 따라 여러 가지 표현 방식이 있다는 점에서 이 비유는 논란의 여지도 있었다. 그러나 논점은 '번역기가 학습에 도움이 될까, 아니면 학습을 방해할까?' 하는 점이다. 한때 기계 번역의 등장은 AI의 등장보다도 외국어 교육을 더 크게 위협할 것이라는 우려를 낳았으나 당시 번역기의 낮은 정확도는 이 우려를 빠르게 잠재웠다.

저자도 비슷한 경험을 했다. 몇 년 전까지만 해도 "제발 번역기 쓰지 마세요. 선생님은 다 알아요"라고 자신 있게 말하곤 했다. 작문 과제에서 번역기 사용 여부를 알아내는 건 매우 쉬운 일이었다. 사용하는 어휘에 금방 드러나기 때문이다. 학생들이 배우지 않은 고급 표현을 쓰거나 맥락과 맞지 않는 단어를 쓰는 경우가 적지 않았다. 예를 들어, 초급 학생이 "배가 아파요"라고 하면 될 상황에서 "복부에 통증이 있어요"라고 하거나, "대화 파트너와 말하기 연습을 했다"는 말을 "가정 교사와 대화를 나

눴다"라고 표현하는 식이다. 긴 텍스트나 관용구에서는 이런 문제가 더 두드러졌다. 예컨대 '손이 크다'는 넉넉하게 준비하고 대접한다는 의미인데, 표면적인 의미로 'hand is big'으로 번역돼, 오히려 학습자들의 이해를 방해했다. 이런 한계를 학습자들도 체감하고 기계 번역에 과도하게 의존하지는 않았다.

기계 번역은 기본적으로 한 언어로 작성된 문장을 다른 언어로 번역해 주는 것이다. 기계 번역이 처음 출시되었을 때는 규칙과 통계를 기반으로 단어를 하나하나 대응해서 번역하는 방식이라 문맥이나 관용 표현을 제대로 처리하지 못했다. 하지만 요즘 상황은 조금 다르다. 인공 신경망 기반 기계 번역(NMT, Neural Machine Translation) 기술이 도입되면서 단어와 구문을 넘어 전체 문맥을 파악하고 자연스러운 문장으로 번역하는 수준으로 발전했고, 이에 따라 정확도도 상당히 향상되었다. 이러한 변화는 번역기를 학습 보조 도구로 어디까지, 어떻게 활용할지에 대한 새로운 질문을 던져 주고 있다(최지영, 2024).

생성형 AI와 기계 번역

생성형 AI와 기계 번역기는 비슷해 보이지만 실제로는

다른 목적과 방식으로 운영된다. 구글 번역기 같은 기계 번역은 한 언어의 문장을 다른 언어로 번역하는 데 특화되어 있으며, 목표도 정확한 번역에 있다. 반면 생성형 AI는 번역만을 위해 설계된 도구가 아니다. 대규모 언어 모델을 기반으로 문장 생성, 질문 응답, 코드 작성 등 다양한 작업을 수행하며, 번역은 그중 한 기능일 뿐이다.

따라서 생성형 AI는 단순히 한 문장을 다른 언어로 옮기는 것을 넘어 맥락을 고려한 의역, 문체나 높임 조정, 교정과 설명까지 할 수 있다. 예를 들어, '초급 수준의 한국어 학습자가 이해할 수 있게 쉬운 말로 번역해 주세요'라고 지시하면 수준에 맞춘 번역 결과물을 받을 수 있다. 이러한 특징은 한국어 교육에서 AI 활용에 대한 기대감을 높인다. 기계 번역이 주로 단어와 문장 수준의 변환에 머무르고, 학습자가 결과물을 확인하는 데 그쳤다면, AI는 학습자가 번역 과정을 지시하고 수정하며 대화식으로 학습할 수 있다는 점에서 교육적 의미가 크기 때문이다.

물론 최근에는 두 기술의 경계가 점점 흐려지고 있다. 기계 번역 역시 인공 신경망 기반으로 발전하면서 맥락 반영 능력이 좋아졌고, AI의 다언어 번역 품질도 꾸준히 개선되고 있기 때문이다. 두 도구 모두 학습에 도움을 주는 보조 도구로서의 잠재력이 충분하지만, 오류가 발생하는 등의 문제는 여전히 있으므로, 학습자가 결과물을 그대로 수용하지 않고 비판적으로 검토할 수 있도록 지도하는 것이 필요하다.

한국어 학습에 활용할 수 있는 기계 번역과 생성형 AI

기술적 특징을 살펴본 데 이어, 이번에는 한국어 교수·학습에서 실제로 활용할 수 있는 기계 번역과 생성형 AI를 정리해 보려고 한다.

기계 번역 도구

기계 번역의 대표 주자는 단연 구글 번역기(translate.google.com)다. 2006년 출시 이후 꾸준히 성능을 개선해 왔으며, 현재는 240개가 넘는 언어를 지원한다(Caswell, 2024). 텍스트뿐 아니라 음성과 이미지 번역도 가능하고, 최근에는 카메라로 비춘 화면을 실시간으로 번역하는 기능까지 지원한다. 사용 방법도 간단하다. 언어를 선택해 번역할 문장을 입력하면 곧바로 번역 결과를 얻을 수 있다. 다양한 국적의 학습자들이 한국어를 공부할 때 가장 흔히 접하고 익숙하게 사용하는 번역기

이기도 하다.

네이버의 파파고(Papago, papago.naver.com) 역시 한국어 학습자들이 자주 활용하는 번역기다. 한국 서비스인 만큼 국내에서 공부하는 학습자들이 많이 사용하며, 텍스트 · 이미지 · 음성 번역을 지원하고 15개의 언어를 서비스하고 있다. 특히 한국어 번역에 최적화되어 있다는 평이 많다.

중국어권 학습자들 사이에서는 바이두 번역기(Baidu, fanyi.baidu.com)가 널리 사용된다. 200여 개의 언어를 지원하며, 텍스트와 이미지 번역을 제공한다.

마지막으로, 최근 가장 주목받는 도구는 독일에서 개발된 딥엘(DeepL, deepl.com)이다. 2017년 서비스를 시작했으며, 현재 30여 개 언어를 지원한다. 사람의 번역문을 학습한 데이터를 바탕으로 보다 자연스러운 번역을 한다고 알려져 있다.

AI 도구

이제는 챗GPT처럼 잘 알려진 범용 AI뿐 아니라, 이미지 생성, 슬라이드 제작, 발음 교정처럼 특정 기능에 특화된 AI들도 빠르게 등장하고 있다. 심지어 특정 작업에 최적화된 AI를 찾아주는 통합 데이터 베이스(There is an AI for that, theresanaiforthat. com)까지 있을 정도다. 아래에서는 한국어 교수 · 학습에 활용할 수 있는 주요 AI 도구들을 기능별로 정리해 소개한다. 각 도구는 abc순.

범용 AI:

챗GPT(ChatGPT, chatgpt.com)

클로드(Claude, claude.ai)

코파일럿(Copilot, copilot.microsoft.com)

딥시크(Deepseek, deepseek.com)

제미나이(Gemini, gemini.google.com)

퍼플렉시티(Perplexity, perplexity.ai)

범용 AI는 대규모 언어 모델을 기반으로 다양한 작업을 수행할 수 있는 종합형 도구다. 질의응답, 글쓰기 지원, 번역, 요약 등 폭넓은 작업을 할 수 있기 때문에, 한국어 수업에서는 대화 연습, 번역 비교 및 검토, 학습자 수준 맞춤 실명, 문제 출제 및 피드백 제공 등 다양한 방식으로 활용할 수 있다.

대화 연습용 AI:

세종학당 AI 선생님(app.ksif.or.kr)

핑고(Pingo, mypingoai.com)

톡팰(Talkpal, talkpal.ai)

상황별 대화 시나리오를 선택해 역할극을 하며 음성 대화를 연습할 수 있도록 지원하는 AI들이다. 음성 인식 기능을 통해 발음을 교정하거나 오류를 수정해 주며, 반복 연습도 가능하다. 세종학당 AI 선생님은 한국어에 특화된 서비스이고, 핑고와 톡팰은 여러 언어를 지원하는 가운데 한국어가 포함되어 있다.

음성 및 영상 제작 :

어도비 애니메 보이스(Adobe anime voice,

adobe.com/express/feature/video/animation/audio)

클로바노트(clovanote.naver.com)

로보(Lovo, lovo.ai)

루멘5(Lumen, lumen5.com)

수노(Suno, suno.com)

텍스트를 음성이나 영상으로 전환하거나, 반대로 음성과 영상을 텍스트로 받아 적는 기능을 제공한다. 예전에는 발음 연습을 위해 교사가 직접 녹음을 하거나 교과서에 있는 음성 파일을 사용해야 했지만, 이제는 AI로 쉽게 맞춤 음성과 영상을 제작할 수 있다. 이를 활용해 발음 연습 자료나 튜토리얼 영상을 만들 수 있을 뿐 아니라, 아바타를 활용한 말하기 영상(어도비 애니메 보이스)이나 노래 제작(수노)까지 할 수 있어 활용 범위가 한층 넓어졌다.

이미지 및 삽화 생성:

달리(Dall · E, ChatGPT와 연동)

미드저니(Midjourney, midjourney.com)

냅킨(Napkin, napkin.ai)

언어 수업에서 많이 쓰이는 삽화나 그림 자료도 AI로 손쉽게 만들 수 있다. 원하는 장면이나 이미지를 글로 설명하면 바로 이미지를 생성해 주기 때문에, 단어 학습용 그림 카드나 문화 설명용 삽화, 수업 자료용 시각 자료 제작에 활용할 수 있다. 특히 냅킨은 차트와 다이어그램 제작에 유용해 학습 자료를 구조적으로 시각화하는 데 도움을 준다.

슬라이드 제작:

뷰티풀 에이아이(Beautiful AI, beautiful.ai)

펠로(Felo, felo.ai)

감마(Gamma, gamma.app)

위의 도구들은 슬라이드 제작을 돕는다. 주제만 입력하면 개요부터 실제 슬라이드까지 빠르게 자동으로 생성해 주기 때문에 교사의 수업 준비 시간을 크게 줄일 수 있다. 다만 세부 내용과 디자인은 수업 목적에 맞게 다듬는 과정이 필요하다.

수업 지원:

디핏(Diffit, web.diffit.me)

링고 티치(Lingo teach, lingoteach.ai)

매직 스쿨(Magic school, magicschool.ai)

퀘스천 웰(Question well, questionwell.org)

마지막으로는 교사를 위해 특화된 AI들로, 수업 계획, 루브릭 작성, 학습 자료 제작, 학생 수준별 문제 은행 생성, 퀴즈 제작 등 폭넓은 기능을 수행한다. 특히 링고 티치는 언어 교사를 위한 AI로 글의 유형이나 언어 수준,

학습 목표 등의 조건을 입력하면 대화문이나 단어 시험지를 자동으로 만들어 준다.

AI가 말 그대로 폭발적으로 확산되고 있다. 한국어 교육에서도 충분히 활용할 만한 다양한 선택지가 존재한다. 다만 기능과 목적이 각기 다르므로, 수업 목표와 학습자 수준에 맞춰 적절히 선택하고 조합하는 것이 중요하다. 동시에 한국어의 언어 · 문화적 특수성을 반영한 전용 AI의 개발과, 학습자가 AI 결과물을 비판적으로 검토할 수 있도록 돕는 교수 설계가 앞으로의 중요한 과제로 남아 있다.

참고문헌

최지영(2024). "학부 유학생의 온라인 기계 번역 활용 양상 및 교수자의 인식: 한국어 작문을 중심으로". 《리터러시 연구》, 15(1), 171-205쪽, https://www.kci.go.kr/kciportal/ci/sereArticleSearch/ciSereArtiView.kci?sereArticleSearchBean.artiId=ART003059918

Caswell, I.(2024.6.27). 110 new languages are coming to Google Translate. *Google Blog*, https://blog.google/products/translate/google-translate-new-languages-2024/

DeepL Team(2021.11.1). How does DeepL work?. *DeepL Blog*, https://deepl.com/en/blog/how-does-deepl-work

04
한국어 학습을 위한 효과적인 프롬프팅

AI는 같은 내용의 질문에도 전혀 다른 대답을 내놓는다. 그 이유는 프롬프트, 즉 질문과 지시 방식이 다르기 때문이다. 좋은 질문이 좋은 답을 만든다. 한국어 교육에서 AI를 효과적으로 활용하기 위해 알아야 할 프롬프트 작성의 핵심을 살펴본다.

청각장애인과 AI?

프롬프트란 무엇인가

요즘 저자의 소셜 미디어 알고리즘은 AI로 가득하다. 그리고 스크롤을 내릴 때마다 이런 말이 자주 보인다. "아직도 번역해 줘, 잘 써 줘, 고쳐 줘…, 이렇게만 입력하나요? 이제 그만!" 더 나은 결과물을 얻으려면 프롬프트(prompt), 즉 지시문을 전략적으로 작성해야 한다는 메시지다. 실제로 AI의 답변 품질은 사용자가 어떤 프롬프트를 주느냐에 따라 크게 달라진다.

프롬프트는 간단히 말해 AI에게 원하는 결과를 얻기 위해 작성하는 지시문이다. AI에게 일을 더 잘 시키기 위한 프롬프트를 찾는 과정을 프롬프트 엔지니어링(prompt engineering)이라고 부른다. 원하는 결과를 얻을 수 있도록 프롬프트 구성 요소와 표현 방식을 설계하는 작업이다.

프롬프트는 일반적으로 명령어(instruction), 맥락(context), 입력 데이터(input data), 출력 형식(output format) 네 가지 요소로 이뤄진다. 명령어는 AI가 수행할 작업을 명확히 지시하고, 맥락은 상황이나 배경 정보를 제시해 답변의 방향성을 설정하는 역할을 한다. 입력 데이터는 AI가 참고해야 할 자료나 예시를 말하며, 출력 형식은 답변을 어떤 형식으로 내놓을지 지정하는 것이다.

예를 들어, 김봉조 · 라미경(2024)은 가장 간단하면서도 효과적인 프롬프트 구조를 이렇게 제안한다.

> "이제부터 당신은 [역할]로 행동해 주세요. 어떠한 [특정 작업]을 실행하고 결과를 [정해진 출력 양식]으로 보여 주세요."

이를 한국어 학습 상황으로 바꾸면 다음과 같다.

> "이제부터 당신은 한국 식당의 직원입니다. 저는 손님 역할을 할게요. 초급 학습자가 '한국 식당에서 주문하기'를 연습할 수 있도록 천천히 말해 주세요. 제가 주문할 수 있도록 먼저 인사하고 메뉴를 보여 주세요. 간단한 질문을 해주고 대화가 끝난 다음에는 제 대답이 맞았는지 간단히 피드백도 해 주세요."

이처럼, 프롬프트 작성의 핵심은 구체성과 명확성이다. 세부적이고 정교한 지시일수록 AI의 응답 품질이 높아진다.

한국어 교수·학습을 위한 프롬프트

좋은 프롬프트는 좋은 답변을 만든다. 한국어 교수 · 학습을 위한 프롬프트도 마찬가지다. 핵심은 명확한 목표 설정과 역할 지정, 구체적인 지시와 맥락 제공에 있다. 또한 반복적인 수정으로 완성도를 높이고, 학습자의 수준과 학습 목적에 맞춰 맞춤화하는 과정이 필요하다. 하지만 막상 프롬프트를 작성해 보면 생각보다 쉽지 않다. 원하는 결과를 얻으려면 맥락을 세심하게 설정해야 하고, 그만큼 시간과 노력이 많이 든다.

이러한 어려움을 줄이기 위해 여러 교육 기관과 연구자들이 교수 · 학습용 프롬프트 모음집과 가이드라인을 공개하고 있다. 예를 들어 하버드대학교 IT 부서의 AI 활용 지침, 교육자를 위한 생성형 AI 챗봇 프롬프트 라이브러리(Gen AI Chatbot Prompt Library for educators), 미네소타대학교의 프롬프트에드(PromptEd, https://z.umn.edu/9v5r) 등이 있다. 특히 프롬프트에드는 언어 교사들이 직접 참여해 만든 크라우드소스(crowd-source) 기반 프롬프트 모음집으로 말하기, 듣기, 읽기, 쓰기 같은 언어 기술(language skills)과 ACTFL (American Council of Teaching Foreign Languages) 숙달도(초급, 중급, 고급), 학습 목표에 따라 프롬프트를 정리해 제공한다.

예를 들어, 초급 학습자를 위한 읽기 자료 제작 프롬프트는 다음과 같다.

> "한국에서 인기가 많은 예술가에 대한 짧은 글을 작성해 주세요. 글을 읽은 뒤에 제가 몇 문장으로 요약을 해 볼 거예요. 저는 ACTFL 초급 수준의 학습자이니 대화 수준을 그에 맞춰 주세요(Provide me with a short article about a popular artist in a LANGUAGE-speaking country. After I finish, I'll summarize it in a few sentences. I am a learner at the Novice level of the ACTFL proficiency guidelines. Please remain at that level throughout our exchange)."

이 프롬프트를 사용해 생성된 읽기 자료를 활용하면 학습자는 글에 나온 기초 표현을 익히고, 주요 정보를 요약하는 연습을 할 수 있다. 특히 초급-상(Novice-high) 수준의 학습자가 간단한 글을 요약하는 활동에 적합하다.

프롬프트에드는 영어로 작성돼 있지만, 한국어 수업에서도 번역해 충분히 활용할 수 있다. 그렇지만 한국어의 언어적 · 문화적 특수성을 반영하려면, 한국어 교육

전용 크라우드소스 기반 프롬프트 모음집을 구축하려는 노력도 필요하다. 실제 수업 경험이 있는 교사들이 참여해 다양한 수준과 상황별 프롬프트를 공유한다면, 학습자 맞춤형 자료 개발과 수업의 다양성 확보에 큰 도움이 될 것이다.

ACTFL(American Council of Teaching Foreign Languages)은 외국어 교육 분야에서 널리 활용되는 표준 지침을 제공하는 미국 기관이다. 이 기관이 제시하는 숙달도 지침(proficiency guidelines)은 학습자의 언어 능력을 초급(novice), 중급(intermediate), 고급(advanced), 최고급(superior) 단계로 나누어 평가하고, 학습 목표를 설정할 때 기준으로 사용된다.

결국 질문하는 능력이 중요하다

AI 프롬프팅의 핵심은 결국 질문하는 능력이다. 생성형 AI는 교사나 학습자가 어떤 질문을 던지느냐에 따라 전혀 다른 답변을 내놓는다. 원하는 결과를 얻으려면 AI에게 구체적이고 명확하게 지시를 해야 하며, 그렇게 하기 위해서는 질문을 떠올리고 다듬는 훈련이 필요하다.

앞으로의 교실은 단순히 AI를 사용하는 법을 배우는 것을 넘어, 질문을 설계하는 능력을 기르는 공간이 되어야 할 것이다. 한국어 학습자에게 적합한 질문 유형을 개발하고, 이를 훈련하는 수업 설계가 필요한 이유도 여기에 있다. 질문을 만드는 힘을 기르는 것, 이것이 AI 시대 한국어 교육의 핵심 과제가 될 것이다.

참고문헌

김봉조·라미경(2024). 《당장 써먹는 AI 프롬프트 사전》. 홍릉.

최윤경 외(2023). "대학생의 챗GPT 활용양상에 기반한 '프롬프트 디자인'의 구성요소 탐색". 《사고와 표현》, 16(3), 337-369쪽, https://www.kci.go.kr/kciportal/ci/sereArticleSearch/ciSereArtiView.kci?sereArticleSearchBean.artiId=ART003031623

ACTFL(2024). ACTFL Proficiency Guidelines 2024, https://www.actfl.org/uploads/files/general/Resources-Publications/ACTFL_Proficiency_Guidelines_2024.pdf

AI for Education. GenAI chatbot prompt library for educators, https://www.aiforeducation.io/prompt-library-all-prompts

Dalola, A. & Fluegel, S.(2024.10.18). PromptEd: AI prompts for language teachers and learners: A database for making the most out of language-learning interactions. OER Commons, https://cla.umn.edu/language-center/news-events/news/prompted-ai-prompts-language-educators

Deepset. Prompt engineering guidelines, https://docs.cloud.deepset.ai/docs/prompt-engineering-guidelines

Harvard University, Information Technology(2023.8.30). Getting started with prompts for text-based generative AI tools, https://www.huit.harvard.edu/news/ai-prompts

05
AI와 쓰기

우리는 이제 AI가 글을 대신 써 줄 수 있는 시대에 살고 있다. 몇 초 만에 완성된 글은 편리하지만 그만큼 학습자가 스스로 사고하고 표현하는 연습의 기회는 예전보다 줄어들 수 있다는 우려가 생긴다. AI가 쓰기 수업에 가져온 변화와 그 의미를 살펴보고, 쓰기 교육이 마주한 새로운 과제를 생각해 본다.

AI 콘텐츠 크리에이터?

달라진 읽기, 달라진 쓰기

정보가 넘쳐나는 세상이다. 책을 읽어야만 얻을 수 있던 지식은 인터넷, 동영상 등 다양한 매체를 통해서 전달되고, 사람들은 수많은 정보 속에서 필요한 정보만 빠르게 수집하여 읽는 방식에 익숙해졌다. 미래학자인 카(Nicholas Carr)는 2010년 《생각하지 않는 사람들》에서 인터넷이 우리의 뇌 구조를 바꾸고 있다고 말했다. 그는 더 이상 책이나 긴 기사를 집중해 읽을 수 없다고 고백하면서 이러한 변화가 우리의 뇌 구조까지 변화시키고 있다고 주장했다.

그로부터 10년이 더 지난 지금, 텍스트 읽기뿐 아니라 보기 방식도 변화했다. 한국 사회도 예외가 아니다. 문화체육관광부의 한국인의 여가 활동 조사에 따르면 휴일에 스마트 기기를 4시간 이상 사용하는 사람의 비율은 2016년 7.4%에서 2024년 13.5%로 두 배 가까이 늘었다. 책을 한 권 다 읽는 경험은 점점 줄어들고, 영화나 드라마조차 요약본으로 보거나 1~2분 쇼트폼 영상만 넘기는 시대가 되었다.

글쓰기도 변했다. 글을 쓰려면 재료가 필요하다. 과거에는 필요한 자료를 찾기 위해 도서관에 가서 카드 서랍을 뒤져 책을 찾았지만 이제는 도서관에 갈 필요도 없이

클릭 몇 번으로 수많은 자료를 검색할 수 있다. AI는 자료 요약과 정리뿐 아니라 글을 대신 작성해 주기도 한다.

하지만 넘쳐나는 자료 속에서 깊이 읽고 쓰는 능력은 점점 약해지고 있다. 인터넷에서 짧은 댓글을 쓰고 메신저로 짧게 이야기하는 것이 일상이 된 지금, 그리고 AI가 나 대신 글을 쓰기도 하는 지금, 한국어 교육에서의 쓰기 수업은 어떤 방향으로 나아가야 할까?

AI가 쓰기 수업에 미치는 영향

외국어 학습에서 쓰기는 늘 어려운 영역이다. 학습자는 단어를 나열하는 수준을 넘어 자신의 생각을 글에 담아 표현할 수 있어야 하고, 그러려면 일정 수준 이상의 언어 능력과 문화적 맥락에 대한 이해가 필요하다. 교사 역시 학습자가 글을 쓰는 과정을 면밀하게 관찰하고 피드백을 제공해야 하는데, 이 과정에 많은 시간과 노력이 요구된다(안재린 · 박정아, 2024; Godwin-Jones, 2022).

이 때문에 그간 쓰기 교육에 다양한 온라인 도구들이 적극적으로 활용돼 왔다. 대표적으로 영어권의 그래멀리(Grammarly) 같은 자동 피드백 도구는 학습자의 문법과 어휘 오류를 실시간으로 교정하며 학습을 지원했다. 여기에 더해 최근 기계 번역의 발전과 생성형 AI의 등장은 글쓰기 수업의 판도를 한층 더 다채롭게 하고 있다. AI는 단순한 교정 기능을 넘어 아이디어 구상, 글의 개요 및 구조 설계, 초안 작성, 피드백 제공까지 폭넓은 기능을 수행할 수 있다. 훌륭한 글쓰기 조력자(writing assistant)의 역할을 할 수 있는 것이다(Imran & Almusharraf, 2023).

연구자 바스카라(Baskara, 2023)는 AI가 쓰기 수업에 제공할 수 있는 장점을 다음과 같이 정리했다.

첫째, 글쓰기 초기에 아이디어 구상을 돕는다. 백지 앞에서 막막함을 느끼는 학습자에게 AI는 대화를 통해 주제를 확장하거나 아이디어를 정리할 수 있도록 돕는다. 둘째, 실시간 피드백을 제공한다. 좋은 글쓰기를 하려면 학습자 개개인의 수준에 맞춘 피드백이 필수적이다. AI는 빠른 시간에 개인의 수준에 맞는 조언과 교정을 제공해 교사의 피드백 부담을 덜어 준다. 셋째, 학습자의 쓰기 학습 동기를 높일 수 있다. 실제적 자료 사용과 자연스러운 상호 작용으로 쓰기에 대한 흥미를 유발한다. 넷째, 언어 능력을 향상한다. 반복 연습과 교정이 가능해 학습자의 문법과 어휘 능력 향상에도 기여할 수 있다.

그러나 우려도 적지 않다. 먼저, 표절과 윤리적 문제

가 있다. 학습자가 AI가 쓴 글을 그대로 제출할 가능성이 있다. 실제로 AI가 상용화된 이후 교사와 학습자 모두 어디까지 AI 사용이 허용되는지 혼란스러워하는 경우가 많다. 둘째, AI가 가진 편향(Bias)과 오류 문제도 고려해야 한다. AI는 방대한 데이터를 학습했지만, 학습된 데이터의 양에 따라 필연적으로 편향이 생길 수 있다. 또한 그럴듯하지만 사실과 다른 답변을 하는 환각(Hallucination) 현상도 여전히 해결해야 할 과제다. 마지막으로, AI가 결과물을 빠르게 제시하면서 과정 중심 쓰기 학습 효과가 약화될 수 있다. AI가 답을 주거나 글을 대신 써 줄 수도 있기 때문에 학습자가 자기 생각을 정리하고 수정하는 과정을 건너뛸 위험이 있는 것이다.

결국 AI는 쓰기 수업에서 기회인 동시에 위협도 함께 가져오는 양날의 검 같은 존재라고 할 수 있다. 교사는 학습 목표와 학습자 수준에 따라 AI 사용 범위를 명확히 정하고, 단순 금지나 무제한 활용이 아닌 비판적 활용을 지도할 수 있어야 한다. 이를 통해 AI의 장점을 살리고 한계를 보완하는 방향으로 쓰기 수업을 설계하는 것이 앞으로의 과제가 될 것이다.

잃고 싶지 않은 나의 목소리

"글쓰기는 제게 정확성에 관한 문제가 아니에요. 문장의 아름다움에 관한 것이고, 지성에 관한 것이에요(For me, writing is not about accuracy, but about the beauty of a sentence, and intelligence)."

한국어 학습자 인터뷰에서 들은 이 말은 저자의 마음을 강하게 울렸다. AI나 기계 번역을 거의 사용하지 않고 글쓰기를 완성한 학습자에게 이유를 묻자 돌아온 대답이었다. 교사이자 글쓰기를 하는 사람으로서 벅찬 감동을 느꼈다. 지시문만 입력하면 한 편의 글이 완성되는 기술의 홍수 속에서 서툴더라도 자기 언어로 글을 쓰고자 하는 태도였기 때문이다.

교사들은 종종 학습자들이 AI에 지나치게 의존하지는 않을까 걱정한다. 하지만 안재린 · 박정아(2024)의 연구 결과는 조금 다른 모습을 보여 준다. 실제 학습자들은 작문 과정에서 AI를 쓰는 경우가 거의 없었으며, AI를 글을 대신 써 주는 도구가 아니라 필요한 순간 보조적으로 참고하는 도구로 사용했다. 모르는 표현을 확인하거나 단어를 찾아볼 때는 사전과 기계 번역을 함께 비교하며 검토했고, 결과물을 그대로 복사해 붙여 넣기보다 시간을 들여 자기 언어로 다시 표현하는 과정을 거쳤다. 이러한 태도는 학습자가 정확한 답이 아니라 자신의 언어 능력과 개성을 글에 담는 과정을 중요하게 여기고 있음을 보여 준다.

이러한 결과는 우리에게 중요한 시사점을 남긴다. 기술이 아무리 발전해도 학습자의 주체성과 창의성을 지키는 것이 교육의 핵심이어야 한다는 것이다. 미국 교육철학자 듀이(John Dewey)는 교육을 사회적 경험을 통한 능동적 탐구 과정으로 보았다. 학습자는 수동적으로 지식을 전달받는 존재가 아니라, 경험을 통해 스스로 의미를 구성하는 주체적 학습자다. 이 관점은 AI 시대에도 여전히 유효하며 오히려 강조되어야 한다. 교사는 학습자가 AI의 도움을 받으면서도 자신의 목소리를 담을 수 있도록 돕는 방법을 고민해야 한다. 단순히 AI 사용을 제한하기보다, 학습자가 AI와 협력하면서도 자신의 주체성과 창의성을 키울 수 있는 전략을 고민해야 한다.

AI 시대 쓰기 학습의 방향

AI는 언어 모델을 기반으로 한, 언어에 특화된 도구다. 그만큼 텍스트 생성과 교정 능력이 뛰어나 쓰기 교육에 미치는 영향도 가장 클 수밖에 없다. 결과물만 평가하던 전통적인 쓰기 과제는 이제 더 이상 유효하지 않을 수 있다. 학습자가 AI로 완성해 제출하고, 교사는 이를 끊임없이 의심해야 하는 상황이 벌어질 수 있기 때문이다. 이제 쓰기 수업은 AI 시대에 맞게 다시 설계되어야 한다.

그렇다면 새로운 방향은 무엇일까? 핵심은 간단하다. AI가 할 수 있는 일이 아니라, AI가 할 수 없는 일을 중심으로 과제를 설계하는 것이다. AI는 개인적 경험과 정체성, 창의성, 그리고 비판적 사고를 완전히 재현할 수 없다. 따라서 쓰기 과제는 학습자가 자신의 경험을 이야기하고 자신의 목소리를 담을 수 있도록 구성해야 한다. 또한 AI의 결과물과 자신의 글을 비교 · 분석하며 비판적 시각을 기를 수 있도록 해야 한다. 예를 들어, 전통적 자료 조사, AI를 이용한 자료 조사, 자신의 생각을 종합해 프로젝트를 완성하는 활동이나, 나의 번역과 AI의 번역을 비교하고 더 적절한 표현을 선택한 뒤 그 이유를 설명하는 활동 등이다.

또한 AI는 글쓰기의 각 단계를 세분화해 지원할 수 있어 과정 중심 쓰기를 강화하는 도구로도 활용될 수 있다. 자료 조사 단계에서 관련 정보를 정리하고, 초안 작성 단계에서는 글의 구조에 대해 조언받으며, 수정 단계에서는 교사의 피드백과 비교해 보면서 글을 점진적으로 개선할 수 있다. 이 과정을 통해 학습자는 글쓰기 과정을 더 깊이 이해하고 자신만의 글쓰기 전략과 메타 인지를 발달시킬 수 있다. 이 과정에서 중요한 것은 AI 사용을 숨기지 않고 학습 과정 속에서 드러내며 활용하는 것이다. 이를 위해 교사는 수업 초기에 AI 활용 기준을 명확히 제시하고, 학습자가 각 단계에서 결과를 비판적으로 검토하고 인용할 수 있도록 지도해야 한다.

이러한 접근은 학습자의 목소리를 지키면서도 AI의 강점을 살린 새로운 쓰기 교육 모델의 가능성을 보여 준다. 이제 교사는 AI 사용을 단순히 허용하거나 금지하는 차원을 넘어, 학습자가 AI와 함께 글쓰기 과정을 탐색하도록 돕는 역할을 맡아야 할 것이다.

참고문헌

안재린·박정아(2024). "쓰기 과제 수행에서 한국어 학습자의 온라인 도구 활용 양상". 《한국어교육》, 35(3), 85-110쪽, https://www.kci.go.kr/kciportal/ci/sereArticleSearch/ciSereArtiView.kci?sereArticleSearchBean.artiId=ART003113042

지표누리(국가지표체계). "독서 인구 비율", https://www.index.go.kr/unity/potal/indicator/IndexInfo.do?cdNo=2&clasCd=10&idxCd=F0164&upCd=7

지표누리(국가지표체계). "스마트기기 사용 시간",

https://www.index.go.kr/unity/potal/indicator/IndexInfo.do?cdNo=2&clasCd=10&idxCd=F0172&upCd=7

Baskara, R.(2023). Integrating ChatGPT into EFL writing instruction: Benefits and challenges. *International journal of education and learning*, 5(1), pp.44-55, https://pubs2.ascee.org/index.php/ijele/article/view/858/0

Carr, N.(2010). *The shallows: What the Internet is doing to our brains*. W. W. Norton & Company. 니콜라스 카. 《생각하지 않는 사람들. 인터넷이 우리의 뇌 구조를 바꾸고 있다》(2011). 최지향 옮김. 청림출판.

Dewey, J.(1938). *Experience and education*. Macmillan, https://www.schoolofeducators.com/wp-content/uploads/2011/12/EXPERIENCE-EDUCATION-JOHN-DEWEY.pdf

Godwin-Jones, R.(2022). Partnering with AI: Intelligent writing assistance and instructed language learning. *Language learning and technology*, 26(2), pp.5-24, https://www.lltjournal.org/item/10125-73474/

Imran, M. & Almusharraf, N. M.(2023.8). Analyzing the role of ChatGPT as a writing assistant at higher education level: A systematic review of the literature. *Contemporary educational technology*, 15(4), pp.1-4, https://www.researchgate.net/publication/373301918_Analyzing_the_role_of_ChatGPT_as_a_writing_assistant_at_higher_education_level_A_systematic_review_of_the_literature

Thompson, C.(2013). *Smarter than you think: How technology is changing our minds for the better*. Penguin Press.

06
AI 피드백

AI는 학습자의 글을 빠르게 분석하고 실시간으로 피드백을 제공할 수 있다. 그렇다면 AI의 피드백은 과연 교사의 피드백을 대신할 수 있을까? 쓰기 교육에서 피드백의 중요성을 살펴보고, AI와 교사 각각의 피드백을 비교하며 앞으로의 활용 방안을 모색한다.

AI와 민주주의?

피드백이 글쓰기를 바꾼다

박사 과정 시절, 익숙하지 않은 영어로 복잡한 내용을 글로 표현하는 일은 고역이었다(당시에는 지금처럼 도움을 줄 AI도 없었다!). 간신히 보고서를 완성해 제출했는데, 다음 주에 돌려받은 결과물을 보고 깜짝 놀랐다. 점수만 적혀 있던 이전 과제들과 달리 교수님은 글 곳곳에 질문과 코멘트를 남기고, 좋은 아이디어에는 칭찬을 덧붙여 주셨다. 마지막 장에는 전반적인 평가를 편지처럼 적어 주셨다. 글을 고치는 일이 즐거워졌고, 더 잘 쓰고 싶다는 동기까지 생겼다.

그 무렵 한국어 조교로서 학생들을 가르치던 필자는 학생들이 일주일에 한 편씩 한국어로 써 온 일기를 채점해야 했다. 하지만 막상 피드백을 하려니 "참 잘했어요" 같은 단순한 칭찬밖에 떠오르지 않았다. 틀린 조사와 철자를 고친 빨간 펜 자국만 빼곡히 남았다.

이처럼 학습자의 글에 교사가 남기는 메시지를 피드백이라고 한다. 피드백은 외국어 쓰기 능력 향상과 학습 의욕을 높이는 핵심 요인으로 꼽힌다(Ferris et al., 1997; Hyland, 2003; Williams, 2003). 외국어 학습에서의 피드백은 단순히 정답과 오답을 지적하는 것을 넘어, 무엇을 잘했고 무엇을 개선할 수 있는지를 알려 주며, 학습자가 스스로 수정할 수 있는 역량을 키우도록 돕는 역할을 한다.

하지만 좋은 피드백을 주는 일은 교사에게 상당히 어려운 일이다. 대부분의 교사는 피드백을 체계적으로 배우지 못한 채 교실에 서게 되고, 시험 점수 중심의 평가에 익숙한 교육 환경에서 자란 경우가 많아 세심한 피드백을 받아 본 경험도 부족하다. 그런데 양질의 피드백을 하려면 문법과 어휘와 철자뿐 아니라 글의 내용, 구조, 표현의 자연스러움까지 살펴야 하고, 모든 오류를 고쳐 주는 대신 학습자가 보완할 점을 스스로 고칠 수 있도록 안내해야 한다. 심지어 칭찬도 어떻게 해야 효과적일지 고민해야 한다. 이런 복잡한 과정을 학생 한 명 한 명에게 반복하다 보면 교사에게 피드백은 시간과 에너지가 많이 드는, 부담스러운 과제가 될 수밖에 없다(심윤진 · 안재린, 2017).

AI와 피드백

AI의 등장은 쓰기 수업에서 피드백을 제공하는 방식에 새로운 가능성을 열었다. AI는 학습자의 글에 즉각적이고 반복적인 피드백을 제공할 수 있어 교사의 시간 부담을 줄여 준다. 덕분에 교사는 더 심층적이고 맥락에 맞는 피드백을 주는 데 집중할 수 있다.

AI 피드백의 장점은 다음과 같다(Guo & Wang, 2023; Steiss et al., 2024). 첫째, 속도다. 교사가 직접 글을 읽고 피드백을 작성하는 데 걸리는 시간에 비해 AI는 거의 즉시 방대한 양의 피드백을 제공한다. 또한 온라인 환경에서 언제든 접근할 수 있어 학습자가 글쓰기의 단계마다 실시간 도움을 받을 수 있다. 둘째, 일관성이다. 교사의 피드백은 개인적 경험이나 상황에 따라 다소 차이가 날 수 있지만, AI는 동일한 기준으로 일정한 피드백을 제공한다. 셋째, 범위다. 문법과 어휘, 문장 구조, 표현의 자연스러움까지 모든 부분에 걸쳐 폭넓게 피드백을 제공해 글쓰기 전반을 개선하는 데 도움을 줄 수 있다.

물론 한계도 존재한다(Aithal & Aithal, 2023; Zeevy-Solovey, 2024). AI는 학습 목표나 교육적 맥락을 충분히 이해하지 못할 수 있어, 적합하지 않은 피드백을 줄 수 있다. 또한 AI 특유의 환각 현상으로 부정확한 정보를 제시할 위험도 배제할 수 없다. 개인정보 보호나 데이터 유출 같은 윤리적 문제도 고려해야 한다. 따라서 AI 피드백은 교사의 역할을 완전히 대체하기보다는 보조적 도구로 활용하는 것이 바람직하다.

AI 피드백 vs 교사 피드백

AI는 피드백을 정말 잘 줄까? 같은 글을 두고 교사와 AI가 동시에 피드백을 주면 결과는 얼마나 다를까? 연구마다 AI의 즉각적인 피드백을 장점으로 꼽는 점에 이런 의문이 생겼다. 안재린과 박정아의 연구(Ahn & Park, 2025)는 이러한 궁금증을 가지고 출발했다. 연구팀은 교사 여섯 명과 챗GPT에게 한국어 학습자 여섯 명의 글을 동일한 지침과 함께 건네고, 나온 피드백을 나란히 놓고 비교했다. 결과는 단순히 누가 더 잘하냐의 문제가 아니었다. 두 피드백은 서로 다른 강점과 한계를 드러냈다.

교사의 피드백은 개인차가 컸다. 교사마다 피드백의 양과 피드백을 주는 방식에 상당한 차이가 있었다. 어떤 교사는 세세한 총평과 질문을 남긴 반면, 어떤 교사는 오류 수정에 집중했다. 그러나 공통적으로 학습자의 의도를 존중하는 모습이 나타났다. 이해되지 않는 문장을 접하면 바로 고치기보다 질문을 통해 학습자의 의도를 파악하고 학습자가 스스로 보완하도록 유도했다. 과제 맥락에 맞춘 조언도 눈에 띄었다. TOPIK(한국어능력시험) 원고지 사용법이나 글자 수 제한 같은 시험 조건에 대한 피드백이다. 다만 칭찬이나 총평을 제공한 교사는 드물었다. 교사 대부분이 글을 개선하는 데 피드백의 초점을 두고 있는 경향이 강했다.

반면 챗GPT의 피드백은 교사 피드백과 대조적으로 구조적이고 일관적이었다. 모든 글에 총평과 세부 수정 의견을 제공했고, 긍정적 코멘트도 빠뜨리지 않았다. 다만 철자같이 명백한 오류를 놓치는 경우가 종종 있는가 하면, 이미 자연스러운 문장을 불필요하게 바꾸는 경우도 있었다. 예컨대, 학습자가 쓴 '사람들은 누구나 실패를 많이 한다'는 문장을 굳이 '사람은 누구나 실패를 경험하게 된다'로 수정한 사례가 그렇다. 교사들은 아무도 수정하지 않은 문장이다. 또한 이해하기 어려운 문장에 대해서도 자의적으로 해석하고 일반적인 방향으로 임의 수정하는 경향이 있어, 학습자의 의도와 어긋난 문장을 제공할 위험이 있었다.

이 비교는 중요한 시사점을 준다. AI는 빠르고 체계적이며 방대한 양의 피드백을 주는 데 강점이 있다. 반면 교사는 맥락을 고려하고, 학습자가 스스로 사고할 수 있도록 유도하며, 스스로 교정 능력을 키울 수 있도록 도와준다. 따라서 두 가지 피드백을 대립적으로 볼 것이 아니라 각각의 장점을 결합해 보완적 모델을 설계함으로써 피드백 효율성을 높이는 방법을 찾는 것이 앞으로의 과제가 될 것이다.

참고문헌

심윤진·안재린(2017.1). "서면 피드백에 대한 현장 한국어 교사의 신념과 실제에 관한 연구". 《한국어교육》, 28(1), 141-171쪽, https://www.dbpia.co.kr/journal/articleDetail?nodeId=NODE09113550

Ahn, J. & Park, J.(2025). Is ChatGPT better than human teachers?: A comparative study of ChatGPT and human teacher feedback. *Proceedings of the 30th annual meeting of the American Association of Teachers of Korean,* https://drive.google.com/file/d/1TtvJOO3BXLUy6Mr-kGLXp9otT9mgYQXK/view

Aithal, P. S. & Aithal, S.(2023.9.29). Application of ChatGPT in higher education and research – A futuristic analysis. *International journal of applied engineering and management letters (IJAEML), 7*(3), pp.168-194, *SSRN,* https://papers.ssrn.com/sol3/papers.cfm?abstract_id=4674364

Ferris, D. et al.(1997.5). Teacher commentary on student writing: Descriptions & implications. *Journal of second language writing, 6*(2), pp.155-182, https://www.semanticscholar.org/paper/Teacher-commentary-on-student-writing%3A-Descriptions-Ferris-Pezone/2f66d51c431e5db65dfb87575ba04949b3eb80be

Guo, K. & Wang, D.(2023.8). To resist it or to embrace it? Examining ChatGPT's potential to support teacher feedback in EFL writing. *Educ Inf Technol, 29(7),* pp.8435-8463, https://www.researchgate.net/publication/373476567_To_resist_it_or_to_embrace_it_Examining_ChatGPT's_potential _to_support_teacher_feedback_in_EFL_writing

Hyland, K.(2003). *Second language writing*. Cambridge University Press, https://www.cambridge.org/core/books/second-language-writing/B55667B789336DF8690E651E5111E6A4

Steiss, J. et al.(2024.6). Comparing the quality of human and ChatGPT feedback of students' writing. *Learning and instruction, 91*, 101894, https://www.sciencedirect.com/science/article/pii/S0959475224000215

Williams, J. G.(2003). Providing feedback on ESL students' written assignments. *The Internet TESL Journal, 9*, pp.1-5, http://iteslj.org/Techniques/Williams-Feedback.html

Zeevy-Solovey, O.(2024.7). Comparing Peer, ChatGPT, and teacher corrective feedback in EFL writing: Students' perceptions and preferences. *Technology in language teaching & learning, 6*(3), pp.1-23, https://www.researchgate.net/publication/382590954_Comparing_peer_ChatGPT_and_teacher_corrective_feedback_in_EFL_writing_Students'_perceptions_and_preferences

07
AI와 말하기

“말하기는 무서워요.” 한국어 학습자들이 많이 하는 말 중 하나다. 외국어로 대화하는 것은 여전히 높은 심리적 장벽을 동반한다. 그러나 AI의 등장으로 교실 밖에서도 원어민과 대화하듯 연습할 수 있는 시대가 열렸다. AI가 말하기 학습에 가져온 변화와 그 교육적 의미를 짚어 본다.

말하기는 무서워

외국어를 배우는 이유는 결국 사람과 대화하기 위해서다. 한국어를 배우는 학습자들에게도 말하기는 가장 배우고 싶은 영역이자 가장 중요한 목표로 꼽힌다. 동시에 학습자들이 가장 부담을 느끼는 영역 역시 말하기다.

필자가 가르치던 학교에서는 학기 말마다 교사와 학생이 1:1로 말하기 시험을 치렀다. 시험 안내를 하면서 늘 학생들에게 이렇게 말했다. "여러분, 제가 물지 않아요. 긴장하지 말고 오세요." 학생들의 긴장을 풀어 주려는 농담이었지만, 사실 절반은 진심이었다. 감옥에 끌려오듯 시험장에 들어오는 학생도 있었고, 긴장한 나머지 시험 중간에 눈물을 터뜨리는 학생도 한 학기마다 꼭 두어 명은 있었다. 외국어로 원어민과 대화하는 일은 그만큼 심리적 부담이 크다.

이 부담감은 학습자들이 교실 밖에서 원어민과 대화할 일이 부족하다는 현실과도 맞닿아 있다. 국내에서 한국어를 배우는 학습자는 원어민과 상호작용할 기회가 상대적으로 많지만, 해외 학습자들은 한국어를 실제로 말해 볼 기회 자체가 드물다. 누구나 한국에 올 수 있는 것도 아니고, 한국어를 사용할 수 있는 환경도 한정적이다. 그렇다면 이런 상황에서 AI는 학습자들에게 부족한 말하기 경험을 채워 줄 수 있을까?

AI와 말하기 연습

2024년 5월, 챗GPT가 4o 버전을 발표하며 음성 인식과 다언어 번역 기능을 크게 개선했다. 말을 걸면 즉시 음성으로 대답하고, 영어로 말하면 곧바로 한국어로 응답하는 것도 가능해졌다. 이제 정말 AI와 대화할 수 있는 시대가 열린 것이다. 이를 계기로 교육 현장에서도 AI를 활용한 말하기 연습 시도가 점차 늘어나고 있다.

연구에 따르면, AI를 활용한 말하기 연습은 다음과 같은 장점을 지닌다(Du & Daniel, 2024; Klimova et al., 2024). 첫째, 학습자 수준에 맞춰 대화 난이도를 조정하고, 발음을 교정하는 맞춤형 피드백이 가능하다. 둘째, 반복 연습 기회를 늘려 말하기 불안을 줄이고 자신감을 높일 수 있다. 셋째, 롤 플레이 시나리오를 통해 실제 대화와 유사한 경험을 제공한다. 안재린과 치 야오카이의 연구(Ahn & Chi, 2024)에서도 영어권 한국어 학습자와 튀르키예어 학습자가 AI와의 롤 플레이 연습 후 불안이 감소했다는 점을 밝혔다. 또한 학습자들이 언제든 손쉽게 접속해 말하기 연습을 할 수 있어 만족도가 높았다고 보고했다. 교사 입장에서는 학습자가 교실 밖에서도 말하기 연습을 할 수 있고, 발음 모델링을 AI가 대신해 교사의 부담을 덜어 주는 장점이 있다.

그러나 한계도 뚜렷하다. 학습자 맞춤형 말하기 연습이 가능하다고 하지만 실제로 학습자의 수준에 맞춰 대화를 조정하지 못한다. 특히 초급 학습자들은 AI의 말의 속도가 너무 빨라 대화를 따라가지 못하거나, 발음 인식 오류로 엉뚱한 답변이 나올 때 스트레스를 받는다고 하는 보고가 있다. 또한 AI는 반복적이고 예측 가능한 패턴에 머무르기 쉽고, 실제 사람과의 대화에서 경험하는 즉흥성과 감정적 교류까지 반영하긴 어렵다. 이에 일부 학습자는 AI와의 대화를 인위적이라고 느끼며 몰입하지 못하기도 한다(Ahn & Chi, 2024).

한국어의 특수성에서 오는 오류들도 있다. 초급 학습자의 경우 배우지 않은 격식체나 높임 표현(예: -습니다, -하시겠어요?) 같은 표현을 AI가 쓰는 바람에 대화를 이해하지 못하는 경우가 있었다(Ahn & Chi, 2024). 또, 이름을 지정하지 않으면 AI가 2인칭 '당신'이나 '너'를 어색하게 사용하는 경우도 보고되었다(이은진, 2025).

결국 AI는 말하기 연습의 부족한 기회를 보충하는 유용한 보조 도구이지만, 교사의 설계와 조정 없이는 교육적으로 적합한 말하기 파트너가 되기 어렵다. 따라서 AI

의 강점을 살리면서 학습 목표와 맥락에 맞춘 전략적 설계가 중요하다.

AI를 활용한 말하기 수업 모형

AI를 활용한 말하기 연습은 최근 연구자와 현장 교사들의 높은 관심을 받고 있다(박소연, 2024; 이은진, 2025; 한송희, 2023; Ahn & Chi, 2024). 이러한 흐름 속에서 세종학당 AI 선생님이나 톡팰 같은 AI 기반 말하기 앱도 속속 등장하고 있다. 하지만 좋은 도구가 있다고 해서 곧바로 좋은 수업이 되는 것은 아니다. 다음은 AI를 말하기 연습에 효과적으로 활용하기 위한 제안이다.

사전 준비 단계

교사는 주제와 목표 문법 · 표현을 제시한다. 예를 들어 주제가 식당에서 주문하기라면 메뉴판, 음식 사진 등을 활용해 관련 표현을 익히도록 한다.

AI와의 롤 플레이 연습

학습자가 AI를 점원이나 친구로 설정해 자유롭게 대화를 시도한다. 이때 프롬프트를 통해 난이도를 조정할 수 있다. 활용할 수 있는 프롬프트의 예시는 다음과 같다.

"저는 초급 한국어 학습자고, 한국어 말하기 연습을 하려고 합니다. 한국 음식점에서 주문하는 대화를 연습하고 싶습니다. 한국 음식점 직원 역할을 해 주세요. 저는 20대 대학생 손님입니다. 제 한국어 수준은 TOPIK 1급, ACTFL 기준으로는 초급-중이니까 짧고 쉬운 문장으로 천천히 대화해 주세요. 교대로 번갈아 가면서 이야기를 해 주세요. 대화를 시작해 주세요."

자기 점검 및 AI 피드백

AI가 전사한 대화 기록을 확인하며 발음, 문법, 대체 표현에 대한 피드백을 요청하고 수정한다. 필요하면 교사의 추가 피드백과 비교할 수도 있다.

실제 대화 연습

AI로 연습한 내용을 바탕으로 학습자끼리 혹은 실제 상황에서 실습하며 실제 상호작용을 경험한다.

성찰 및 재검토

활동 후 AI와 사람 대화 경험을 비교하며 배운 점과 앞으로의 목표를 설정한다.

이 모형은 AI를 활용한 말하기 연습을 효과적으로 구현하기 위한 하나의 제안이다. AI는 학습자의 말하기 불안을 줄이고 반복 연습 기회를 제공해 말하기 연습의 새로운 지평을 열었다. 그러나 말하기 학습의 최종 목표는 결국 사람과의 소통이다. 따라서 AI는 실제 상호작용을 준비하는 단계로 설계되어야 하며, AI와의 연습에서 얻은 자신감과 표현을 사람과의 대화로 확장할 때, 비로소 언어 학습의 목표가 완성될 수 있을 것이다.

참고문헌

박소연(2024). "대화형 인공지능(ChatGPT)을 활용한 대화 연습 모형 개발: 메타인지적 반성적 경험을 중심으로". 《우리말글》, 102, 275-308쪽, https://www.kci.go.kr/kciportal/ci/sereArticleSearch/ciSereArtiView.kci?sereArticleSearchBean.artiId=ART003126825

이은진(2025). "한국어 초급 학습자를 위한 생성형 AI 활용 말하기 과제 개발과 교수·학습 방안 연구". 《학습자중심교과교육연구》, 25(11), 311-332쪽, https://www.kci.go.kr/kciportal/ci/sereArticleSearch/ciSereArtiView.kci?sereArticleSearchBean.artiId=ART003210084

한송희(2023). "대화형 생성 AI(인공지능) ChatGPT를 활용한 한국어 말하기 연구: 역할극 중심으로, Talk-to-ChatGPT 사용해, AIPRM-for-ChatGPT 활용까지". 《학습자중심교과교육연구》, 23(18), 651-674쪽, https://www.kci.go.kr/kciportal/ci/sereArticleSearch/ciSere

ArtiView.kci?sereArticleSearchBean.artiId=ART003002778

Ahn, J. & Chi, Y-K.(2024). Integrating generative AI to enhance speaking practice: A focus on beginner-level Korean and Turkish classrooms. *Proceedings of NCOLCTL annual conference,* https://ncolctl.org/wp-content/uploads/2025/04/2025-NCOLCTL-Newest-Conference-Program-042025-Draft.pdf

Du, J. & Daniel, B. K.(2024.6). Transforming language education: A systematic review of AI-powered chatbots for English as a foreign language speaking practice. *Computer and education: Artificial intelligence, 6,* https://www.sciencedirect.com/science/article/pii/S2666920X24000316

Klimova, B. et al.(2024.4.8). Exploring the potential of ChatGPT for foreign language education at the university level. *Front. Psychol., 15,* 1269319, https://www.frontiersin.org/journals/psychology/articles/10.3389/fpsyg.2024.1269319/full

08
AI 활용의 윤리적 쟁점

AI는 교육 현장에 새로운 가능성을 열어 주었지만 동시에 새로운 고민도 안겨 주었다. 데이터 편향으로 인한 문화 왜곡, AI 표절 문제, 개인정보 노출 같은 윤리적 쟁점이 대표적이다. 이 문제들을 하나씩 짚어 보고, 한국어 교육에서 다뤄야 할 과제들을 정리한다.

AI와 인재 채용?

편리함의 중독, 무한의 굴레

> "교사는 AI로 학습 목표와 과제를 만들고, 학생은 AI로 과제를 해결합니다. 제출된 과제는 다시 AI가 채점하고 피드백을 주지요. 학생은 그 피드백을 AI에게 다시 전달해 글을 고쳐 제출합니다. 결국 이 과정을 반복하다 보면, 학습은 AI만 하는 게 아닐까요?"

지난 6월 한 학회에서 발표자가 던진 이 예시는 다소 극단적이었지만, 교사들 사이에서 웃음과 함께 묘한 불안을 불러일으켰다.

디지털교육협의회(Digital Education Council)의 한 조사(2024)에 따르면, 전 세계 대학생의 86%가 이미 학습 과정에 AI를 사용하고 있다고 한다. AI의 장점은 분명하다. 편리하고 효율적이다. 교사는 수업 준비 시간을 줄이고, 학생은 말하기 연습과 글쓰기 교정 등 다양한 지원을 실시간으로 받을 수 있다. 그러나 무분별한 사용은 학습의 본질을 흐릴 수 있다. AI는 여전히 잘못된 정보를 제공하거나 환각 현상을 일으킬 수 있고, 특정 문화나 집단에 편향된 응답을 내놓기도 한다.

학습 현장에는 이러한 문제점보다 더 근본적인 질문

이 남는다. AI 활용이 학습에 진짜 도움이 되는가? 그리고 그 사용 범위는 어디까지 허용해야 하는가? 표절과 부정행위의 경계는 어떻게 구분할 것인가? 또 개인정보와 정보의 신뢰성은 보장될 수 있을까? 이제는 이러한 윤리적 쟁점을 차분히 짚어 볼 때다.

AI는 왼손잡이를 그리지 못한다

> "AI에게 '왼손잡이가 글 쓰는 장면을 그려 주세요'라고 해 봤어?"

AI의 그림 품질이 눈에 띄게 좋아졌다는 이야기를 나누던 어느 날, 이런 흥미로운 질문을 들었다. 곧바로 챗GPT에게 왼손잡이 작가를 그려 달라고 요청해 보았다. 결과는 오른손잡이였다. 지시를 바꾸고, 설명을 덧붙여도 결과는 바뀌지 않았다.

이 현상은 사실 단순한 기술적 결함이 아니다. AI가 데이터를 학습할 때 흔히 본 패턴을 정답으로 삼는, 다수 원칙(majority principle) 때문이다. 학습 데이터 속 사람들의 다수가 오른손잡이였기 때문에 AI는 오른손잡이 이미지를 내놓는다. AI가 그리는 시계가 대부분 10시 10

분쯤을 가리키는 것도 같은 이유다. 광고 사진에서 미적으로 아름다운 시간으로 가장 많이 활용되는 시간이 10시 10분이라고 한다. 이렇게 AI는 가장 자주 보이는 패턴을 정답으로 학습한다.

문제는 이러한 다수 중심의 학습과 편향이 언어와 문화에서도 그대로 나타난다는 점이다. 한국어 교실에서 AI가 다수 문화를 중심으로 훈련된다면, 방언이나 소수 문화, 비주류 표현은 배제되거나 왜곡될 수 있다. 예를 들어, 특정 방언을 부정적 캐릭터와 연결하거나, 지역 말투를 과장되게 묘사하는 결과물이 그렇다. 학습자가 이런 편향된 예시로 한국어와 문화를 접한다면, 한국 사회의 다양성을 충분히 경험하지 못하거나 특정 집단에 대한 고정 관념을 가질 수 있다. 반대로, AI가 학습자의 다양한 언어·문화적 배경을 비주류 틀로 왜곡해 해석하는 문제도 생길 수 있다. 결과적으로 이러한 편향은 학습자마다 언어와 문화를 경험하는 기회를 제한해 교육의 형평성을 해칠 수 있다.

따라서 문제는 'AI가 왼손잡이를 그릴 수 있는가'에 그치지 않는다. AI가 인간 경험의 다양성을 포착하지 못하고 편향된 시각을 가질 수 있다는 점을 인식하는 것이 중요하다. 언어는 문화를 담는다. 그리고 AI가 재현하는 언어 속에도 그 문화의 시각과 편향이 반영된다. 그렇기 때문에 한국어 교육에서 교사와 학습자는 AI의 편향 가능성을 충분히 이해하고, 이를 비판적으로 바라볼 수 있어야 한다. 동시에 다양한 문화적 자료와 실제 경험으로 AI의 한계를 보완할 필요가 있다.

표절의 경계

"아무래도 AI를 쓴 것 같아요."

지난 학기, 조교가 학생의 과제물을 갖고 와서 조심스럽게 이야기했다. 한국어로 이메일을 작성하는 간단한 과제였는데, 한눈에 봐도 왜 그런 의심이 들었는지 알 것 같았다. 지나치게 격식 있는 표현도 그렇지만, '[시간, 예: 오늘 밤]까지 보내드리겠습니다'라는 부분이 특히 문제였다. AI가 제시한 선택 항목을 그대로 복사해 붙여 넣은 흔적이었기 때문이다. 이메일 시작에 '[받는 사람] 께'라는 표현도 그대로 남아 있었다. 학생을 불러 사실을 확인했다. 처음에는 강력하게 부인하다가 결국 시간이 없어서 AI를 사용했다고 털어놓았다. 명백한 부정행위였고, 학문적 성실성(academic integrity)을 위반한 사례였다.

이 사례처럼 판단이 명확한 경우도 있지만, 사실 대부분은 그렇지 않다. 많은 교사가 학습자의 과제물을 보며 '혹시 AI를 쓴 게 아닐까?' 의심하지만 명확히 확인하기 어렵다.

AI가 교실로 들어오면서 가장 큰 화두는 AI를 사용하는 것이 부정행위 또는 표절의 범주에 해당하는가다. 전통적으로 표절은 타인의 글을 출처 없이 자신의 것처럼 사용하는 것을 의미했다. 그러나 AI가 등장하면서, AI가 생성한 글을 자신의 것처럼 제출하는 새로운 형태의 표절인 AI 표절(AIgiarism)이 등장했다(Hern, 2022). AI 표절은 과제를 통한 학습 효과를 무력화하고, 평가를 왜곡하며 학습자의 성장 기회를 빼앗는다(이윤빈, 2023). 하지만 문제는 이러한 AI 표절을 감지하기 어렵다는 데 있다. GPT 킬러나 제로GPT(ZeroGPT) 같은 AI 탐지 도구가 있지만, 정확도가 낮아 잘못된 판정을 내리는 경우가 많다. 이 때문에 탐지기를 근거로 학생을 의심할 수 없다.

한국어 교육 현장에서도 유사한 고민이 있다. 현장 교사 인터뷰에서 많은 교사가 학생들의 과제물을 보고 AI가 쓴 것 같다는 직감이 들 때가 많다고 했다. 학생의 수준에 비해 어려운 단어나 표현이 등장하거나, 문장이 지나치게 완벽하거나, 평소 사용하지 않는 표현이 나타나는 것이 의심스럽다는 것이다. 이는 교사가 학습자의 평소 수준을 알고 있기 때문에 가능한 추측이고, 아직 AI의 한국어 출력이 영어만큼 정교하지 않기 때문에 상대적으로 탐지하기도 쉬운 편이다. 그러나 이러한 직감만으로는 학생이 AI를 썼다고 확신할 수 없다. 영어 교육에서는 이미 교사들이 AI 글을 구분하기 어렵다고 보고하고 있는데(Alexander et al., 2023), 이는 AI 텍스트가 빠른 속도로 발전해 교사들의 판별 능력을 넘어서는 수준에 도달했기 때문이다. 한국어 교육도 곧 같은 과제에 직면할 가능성이 높다.

해결책의 핵심은 투명성이다. 문제는 AI 사용 여부 자체가 아니라, 어디까지 AI가 개입했는지 명확히 파악하고, 그에 맞춰 학습 목표에 맞게 평가를 하는 것이다. 그러나 아직까지는 AI 허용 범위나 평가 방식에 대한 기준이 없이 교사와 학습자 모두 혼란을 겪고 있다. 앞으로 이 기준을 명확하게 세우고, 학습자에게도 투명하게 공유하며, 교육적 설득력을 갖춘 방향으로 지도하는 것이 중요하다.

개인정보 보호와 데이터 유출

생성형 AI의 사용이 늘어나면서 개인정보 보호에 대한 우려도 함께 커지고 있다. 프로필 사진을 업로드해 다양한 그림 스타일로 변환하거나, 이름과 생년월일 같은 개인정보를 입력해 사주풀이나 MBTI 분석을 요청하는 사례도 흔하다. 하지만 이렇게 입력된 데이터가 어디에 저장되고, 어떻게 활용되는지는 명확하지 않다. 최근에는 챗GPT와 나눴던 비밀스러운 대화 내용이 구글 같은 검색 엔진에서 검색되면서 소동이 일기도 했다(Tangalakis-Lippert & Chandonnet, 2025). AI 설정에서 '학습하지 않는다' 혹은 '공유하지 않는다' 항목을 선택하더라도, 실제로는 모델 성능 향상에 일부 데이터가 사용될 수 있다는 의심이 꾸준히 제기된다.

이런 우려에 대응해 미국의 주요 대학들은 비교적 구체적인 지침을 내놓고 있다. 예를 들어 미국의 하버드대학교는 AI 도구를 사용할 때 연구 자료, 재무 및 인사 기록, 학생 성적과 의료 정보 등 기밀 자료는 입력하지 말고, 학교의 정보보호 사무국이 승인한 도구만 사용하도록 권고하고 있다. 컬럼비아대학교 역시 개인정보나 기밀 정보 입력 금지를 명시하며 AI, 도구 활용 시 발생할 수 있는 보안 리스크를 구체적으로 경고한다. 이러한 사례는 단순한 AI 사용 금지가 아니라 어떤 정보가 왜 금지되는지를 구체적으로 안내한다는 점에서 참고할 만하다.

국내 대학들도 비슷한 방향으로 움직이고 있지만 아직 지침은 상대적으로 포괄적이다. 예를 들어 고려사이버대학교 교수학습혁신센터는 '프롬프트에 개인정보나 비공개 정보를 입력하지 말 것'을 권고하지만, 구체적 사례나 절차는 별도로 안내하고 있지 않다. 한국어교육원이나 대학 내 언어교육원도 상황은 크게 다르지 않다. 특히 한국어 수업은 학생들의 일상, 가족, 관심사 같은 개인적 주제를 과제로 다루는 일이 잦아 개인정보 노출 위험이 더 크다. 학생들이 작성하는 이메일, 쓰기 과제, 말하기 대본 등을 그대로 AI에 입력하면 이름이나 위치, 개인적 경험 등이 쉽게 노출될 수 있다. 따라서 한국어 교육 맥락에 맞춘 세부 지침을 마련하고, 교사와 학습자가 최소한의 정보만 입력하는 습관을 기르는 것이 무엇보다 중요하다.

참고문헌

고려사이버대학교 교수학습혁신센터. "생성형 AI 활용 가이드라인", https://ctl.cuk.edu/cms/FrCon/index.do?MENU_ID=330

이윤빈(2023). “대학생 필자의 글쓰기 과정에서 챗GPT에 대한 질문 양상 연구: 쓰기 수준별 필자 집단의 비교를 중심으로”. 《교양교육연구》, 17(4), 35-52쪽, https://www.kci.go.kr/kciportal/ci/sereArticleSearch/ciSereArtiView.kci?sereArticleSearchBean.artiId=ART002991168

Alexander, K. et al.(2023.7). Who wrote this essay? Detecting AI-generated writing in second language education in higher education. *Teaching english with technology, 2023*(2), pp.25-43, https://www.researchgate.net/publication/371775462_WHO_WROTE_THIS_ESSAY_DETECTING_AI-GENERATED_WRITING_IN_SECOND_LANGUAGE_EDUCATION_IN_HIGHER_EDUCATION

Columbia University. Generative AI Policy, https://provost.columbia.edu/content/office-senior-vice-provost/ai-policy

Digital Education Council(2024.8.2). Digital education council global AI student survey 2024. *DEC Global Survey*, https://www.digitaleducationcouncil.com/post/digital-education-council-global-ai-student-survey-2024

Harvard University. Information technology. Initial guidelines for the use of generative AI tools at Harvard, https://www.huit.harvard.edu/ai/guidelines

Hern, A.(2022.12.31). AI-assisted plagiarism? ChatGPT bot says it has an answer for that. *The Guardian*, https://www.theguardian.com/technology/2022/dec/31/ai-assisted-plagiarism-chatgpt-bot-says-it-has-an-answer-for-that

Nielsen, T.(2025.2.11). When AI insists on right-handed drawing

– On the "Majority Principle," metadata, and cultural diversity. *Medium,* https://medium.com/@tord.nilsen/when-ai-insists-on-right-handed-drawing-on-the-majority-principle-metadata-and-cultural-f8b55cd38076

Tangalakis-Lippert, K. & Chandonnet, H.(2025.8.1). OpenAI quickly rolled back a new feature that allowed users to make private conversations with ChatGPT searchable. *Business insider,* https://www.businessinsider.com/openai-removes-chatgpt-feature-over-search-engine-privacy-concerns-2025-7

09
함께 만드는 AI 정책

AI 사용을 허용해야 할까, 금지해야 할까? 정해진 답은 없다. 교실마다 학습자의 수준과 학습 목표가 다르기 때문에 교사와 학생이 함께 논의하고 합의하면서 현실적인 지침을 만들어 가야 한다. AI 정책을 설계할 때 고려해야 할 기준과, 현장의 목소리를 반영해 정책을 만드는 과정을 살펴본다.

AI와 기자?

AI 사용을 금지해야 할까? 허용해야 할까?

2023년, 수업 계획서를 작성하면서 가장 오래 붙잡고 있던 부분이 있었다. 바로 AI 사용 지침을 어떻게 쓸 것인가였다. 학교에서는 선택할 수 있는 방향과 수업 계획서에 넣을 샘플 문구를 제공했지만, 최종 결정은 교사 개인에게 맡겨졌다. AI를 허용해야 할지, 금지해야 할지 판단하는 일이 생각보다 쉽지 않았다.

비슷한 고민을 겪는 교사가 늘어나면서, 여러 학교가 학생들에게 AI를 어떻게 활용할 수 있는지 안내하는 지침을 마련하기 시작했다. 과목이나 학습 목표에 따라 세부 내용은 달라질 수 있지만, 대부분의 지침은 크게 세 가지로 정리할 수 있다.

첫 번째는 전면 금지다. 수업 중 어떠한 형태의 AI 도구도 사용하지 못하게 하는 것이다. 이를 어길 경우는 부정행위로 간주한다. 이런 경우 교사는 왜 이 수업에서 AI 사용을 금지하는지 명확히 설명해야 한다.

두 번째는 부분적 허용이다. 제한적인 범위 안에서 AI를 사용할 수 있으며, 교사의 사전 허락을 받거나 사용 후 반드시 사용 사실과 범위를 명시해야 한다. 교사가 사용 가능한 도구와 주의 사항을 구체적으로 안내하는 것이 중요하다.

마지막은 전면 허용이다. 수업 활동이나 과제 전반에서 AI 사용을 자유롭게 허용하거나 적극적으로 권장하는 방식이다. 이때 교사는 AI의 장점과 한계 모두를 학습자에게 설명하고, 도구 사용이 학습 목표와 연결되도록 설계해야 한다.

세 가지 방침은 학습 상황과 목표에 따라 다양하게 적용될 수 있다. 그렇다면 한국어 수업에서는 이 가운데 어떤 태도를 취해야 할까? 아직 한국어 교육 맥락에서는 명확한 합의도, 구체적인 지침도 부족한 실정이다. 교실 상황에 맞는 원칙과 기준에 대한 논의를 시작해야 할 때다.

정책을 세울 때 던져야 할 핵심 질문들

AI에 관한 정책을 설계할 때는 단순히 AI 사용을 허용할지, 금지할지 결정하는 것을 넘어 수업의 목표, 과제, 평가 방식 전반을 고려해야 한다. 정책과 기준을 세울 때는 다음과 같은 원칙과 요소들을 살펴볼 필요가 있다.

가장 중요한 것은 AI 활용이 학습 목표 달성에 어떤 영향을 미치는가다. 학습에 도움이 되는가, 아니면 방해가 되는가? 예를 들어 초급 한국어 수업은 자모부터 기초 어휘, 기본 문장 구조를 익히는 것이 핵심이므로 AI의 도움을 최소화하거나 전면 금지하는 방안이 적합할 수 있다. 반면 고급 수업에서는 문화 프로젝트나 연구 과제에서 자료 정리나 인터뷰 전사에 AI를 활용해 학습자의 부담을 줄이고, 자료 해석과 문화 비교, 비판적 논의 등 고급 언어 학습 목표에 맞춘 활동에 집중할 수 있도록 돕는 전략이 가능하다.

다음으로 AI 사용 지침의 이유와 배경을 분명히 해야 한다. 왜 AI를 금지하거나 허용하는가? 예를 들어, 초급 쓰기 과제 같은 경우, 학습자가 스스로 문장을 만들어 보는 경험이 핵심이기 때문에 AI가 개입하면 학습 목표가 흐려질 가능성이 있다. 반면, 프로젝트 과제처럼 자료를 수집하고 정리해야 하는 과제에서는 자료 요약에 AI를 활용해 학습자의 부담을 줄이고, 분석과 토론 같은 고차원적 활동에 더 집중하도록 설계할 수 있다. 이렇게 구체적인 이유를 제시하면 학습자들은 지침을 단순한 통제가 아니라 학습을 돕는 장치로 이해하게 된다.

또한 AI 도구의 정의와 범위도 명확히 해야 한다. 어떤 도구를 AI로 볼 것인가? 챗GPT와 제미나이, 코파일럿 같은 텍스트 기반 범용 AI만 해당하는지, 아니면 이미지 생성 도구나 음성 기반 AI도 포함하는지 등을 생각해 볼 필요가 있다. 예를 들어, 텍스트 생성 도구는 제한하

되 이미지 생성이나 음성 대화 연습 등은 허용할 수 있다. 이렇게 도구 자체의 성격과 기능에 따라 포함 범위를 명확히 하면 학생들이 혼동 없이 지침을 이해할 수 있다.

적용 조건도 고려해야 한다. 지침이 수업 전체에 일괄 적용되는지, 과제, 시험, 프로젝트 등 활동 유형에 따라 달라지는지 결정해야 한다. 예를 들어 자료 조사나 개요 작성 단계에서는 AI 활용을 허용하지만, 최종 슬라이드 제작이나 발표 자료 작성에는 허용하지 않는 식으로 단계별 제한을 두는 방안도 고려할 수 있다.

마지막으로, 학습 목표와 평가 방식을 재검토할 필요가 있다. AI가 쉽게 답할 수 있는 시험 문항은 변별력이 떨어질 수 있으므로 과제의 방향을 바꾸거나 과정 평가를 강화하는 방법을 고려해야 한다. 또한 AI 사용을 허용한다면, 어떤 방식으로 출처를 밝히게 할지, 이를 평가에 어떻게 반영할지도 지침에 포함해야 한다.

이런 원칙을 토대로 실제 지침을 작성할 때는 미국 스탠퍼드대학교에서 제시한 가이드라인이 좋은 참고가 될 수 있다. 스탠퍼드에서는 수업 계획서에 AI 지침을 포함할 때 다음과 같은 핵심 요소를 포함하도록 제안한다. 첫째, 정책을 명확하고 구체적으로 서술한다. AI의 활용이 허용되는 범위와 맥락, 그리고 이를 위반했을 때의 절차와 결과도 분명히 안내해야 한다. 또한 이러한 정책은 단순 규제 차원을 넘어 학습 목표와 긴밀하게 연결되어야 하며, 학생들이 왜 이런 지침이 필요한지 이해할 수 있도록 교육적 근거를 제시해야 한다. 마지막으로, 학생의 학습 경험과 웰빙을 지원하는 방향으로 설계하고, 필요한 경우 학습 지원 자료나 추가 리소스를 함께 제공해야 한다.

이러한 요소들은 한국어 교육에서도 그대로 적용할 수 있으며, 각 수업의 목표와 맥락에 맞게 세부 지침을 조정해 나가는 것이 중요하다. 무엇보다 이러한 원칙과 기준은 한 번 정하는 것으로 끝나는 것이 아니라는 점을 기억해야 한다. AI 기술과 사용 방식은 빠른 속도로 변하고 있기 때문에 학기 중에도 새로운 기능이 추가되거나 기존 도구의 활용 방식이 달라질 수 있다. 따라서 정책은 고정된 규칙이 아니라 변화에 따라 주기적으로 점검하고 수정할 수 있는 유연성을 전제로 해야 한다.

누가, 어떻게 만들어야 할까?

정책을 만드는 방식은 크게 두 가지로 나눌 수 있다. 하향식(top-down)과 상향식(bottom-up) 방식이다. 하향식 방식은 학교 행정부나 관리자처럼 위에서 큰 틀의 정책을 정하고, 이를 교사나 학생에게 전달하는 방식이다. 신속하고 통일성이 있다는 장점이 있지만 현장의 목소리가 충분히 반영되지 못하는 한계가 있다. 반대로 상향식 방식은 현장 교사와 학생 등 다양한 구성원이 정책 형성 과정에 참여해 의견을 모으고, 그 결과를 정책에 반영하는 방식이다. 현장 친화적이고 실행력이 높다는 장점이 있지만, 의견을 조율하는 네 시간이 걸리고, 정책 일관성이 떨어질 수 있다. 실제 교육 현장에서는 두 방식을 혼합해, 큰 원칙은 위에서 정하되 세부 지침은 교사와 학생의 의견을 반영하는 방식으로 운영하는 경우가 많다.

AI에 대한 정책과 지침 설계에 대한 필요성이 커지면서 한국어 교사들의 생각을 들어 보기 위해 인터뷰를 진행했다. 가르치는 기관에 따라 교사들의 입장은 조금씩 달랐는데, 그중에서도 특히 이 말이 기억에 남았다.

> "지침은 그냥 위에서 내려오면 따르는 거죠. 사실 지침이 꼭 필요한지도 잘 모르겠어요. 어차피 TOPIK에선 (AI를) 못 쓰니까요."

대학 부설 언어교육원에서 오랫동안 근무한 교사의 말이었다. 놀라운 답변처럼 들리지만, 한편으로는 현장의 상황을 누구보다 잘 대변하고 있었다. 교사들은 매일 수업을 하고, 과제를 채점하고, 다음 날 수업을 준비하며 시험 문제까지 출제한다. 이런 바쁜 일상 속에서 학생이나 기관과 정책을 토의하고 설계하는 일은 사치처럼 느껴지기도 한다. 그래서 많은 교사가 여전히 윗선에서 내려오는 지침을 따르는 방식, 즉 하향식 접근에 익숙하다.

하지만 AI가 교실 수업과 평가 방식에 미치는 영향이 점점 커지는 지금, 단순히 위에서 정한 지침만 따르는 것으로는 부족하다. 교사는 수업 현장에서 언제 AI 활용을 허용하고, 어디서 제한해야 할지 가장 잘 아는 사람이다. 현장의 목소리가 제대로 반영되지 않는 정책은 현실에서 작동하기 어렵다. 따라서 교사들이 직접 경험을 토대로 어떤 상황에서 AI 사용이 문제 되는지, 어떤 활동에서는 허용이 가능한지를 성찰하고 공유하는 과정이 필요하다.

학생들의 의견 역시 중요하다. TOPIK 대비처럼 시험 중심의 목표를 가진 학습자도 있지만, 취미나 개인적 필요로 한국어를 배우는 학습자도 많다. 이들의 목표와 학습 경험을 고려하지 않은 일률적 지침은 다양한 학습자의 요구를 반영하지 못하는 문제가 있다. 정책은 교사와 학생 모두가 참여해 만들어야 현실적이고 설득력 있는 지침이 될 수 있다.

구체적 실천 방법은 다음과 같다. 우선 전면 금지, 전면 허용, 제한적 허용이라는 큰 틀을 참고해 수준과 학습 목표에 맞는 방향을 정할 수 있다. 이어 수업 초반 설문을 통해 학생들의 AI 활용 경험과 기대를 파악하고, 그 결과를 바탕으로 수업에서 허용할 범위와 제한점을 함께 합의한다. 이렇게 마련된 합의는 교사들끼리 공유하고, 나아가 기관 차원에서도 참고해 점차 제도로 구체화할 수 있다. 이러한 과정을 거치면 수업 간 통일성을 유지하면서도, 다양한 맥락의 한국어 수업에 맞추는 실효성 높은 AI 활용 지침을 마련할 수 있을 것이다.

참고문헌

중앙대학교(2023.4.20). "중앙대학교 생성형 AI 가이드라인", https://aiguide.cau.ac.kr/bm/bm-1.php

Bowen, J. A. & Watson, C. E.(2024). *Teaching with AI: A practical guide to a new era of human learning.* Johns Hopkins University Press.

Stanford Teaching Commons. Creating your course policy on AI, https://teachingcommons.stanford.edu/teaching-guides/artificial-intelligence-teaching-guide/creating-your-course-policy-ai

10
AI와 교사의 역할 변화

AI가 언어 교육에 새로운 가능성을 열고 있다. 하지만 그 가능성이 현실에서 구현되려면 교사의 판단과 선택이 중요하다. 변화가 빠른 만큼 정답은 없고, 교사는 수업 현장에서 스스로 탐색하며 길을 찾아야 한다. 이러한 맥락에서 교사의 역할 변화를 짚고, 탐구적 실천의 필요성을 이야기한다.

AI와 미래 의사?

교사는 의사 결정자

학생들에게 조별 읽기 과제를 주고 교실을 돌며 학생들의 활동을 살펴보던 중, 한 학생이 휴대전화로 번역기를 켜서 한국어 텍스트를 바로 모국어로 번역하고 있는 모습을 보았다. 그 순간 머릿속에는 여러 질문이 스쳐 지나갔다. 이 행동을 막아야 할까, 아니면 그냥 두어도 될까?

교사는 명실상부 교실 내에서 가장 중요한 의사 결정자다(Ahn, 2020; Liu & Kleinsasser, 2015). 교사의 지식과 신념은 수업의 방향과 질을 결정짓는 핵심 요소다. 따라서 AI 같은 새로운 기술이 등장했을 때, 이를 교실에 도입할지와 활용 방식은 교사의 사고방식과 신념에 따라 크게 달라진다(Borg, 2003; Levin & Wadmany, 2006).

최근 연구들은 이러한 맥락에서 교사의 AI 인식과 활용 현황을 집중적으로 다루고 있다. 예를 들어, 카베요스 외(Cabellos et al., 2024)는 학습자가 스스로 의미를 구성하도록 돕는 구성주의적 교수 신념을 가진 교사일수록 AI의 교육적 가능성을 긍정적으로 평가하고 적극적으로 활용한다고 보고했다. 반면, 응우옌(Nguyen, 2023)은 영어 교사들을 대상으로 한 연구에서 교사들이 AI의 잠재력과 윤리적 우려를 동시에 느끼는 양가적 태도를 보인다고 분석했다.

한국어 교육 분야에서도 비슷한 논의가 이어지고 있다(예: 박서욱 외, 2025; 김보현, 2024). 박서욱 외(2025)는 한국어 교사 55명을 대상으로 설문조사를 진행해, 한국어 교육에 특화된 AI 가이드라인 개발, 교사 역량 강화를 위한 교육 프로그램 마련, 교사의 실제 활용 경험을 반영한 지속적 지침 보완이 필요함을 제안했다. 또한 이 연구는 AI 시대 한국어 교사의 역할을 새롭게 정의할 필요가 있다고 강조했다.

이러한 흐름을 종합하면, 교사의 AI에 대한 신념과 활용 경험, 그리고 기술 역량이 AI 도입의 방향과 범위를 결정짓는 핵심 요인임을 알 수 있다. 따라서 AI 시대의 한국어 교육을 논의할 때는, 교사가 어떤 지원과 역량 개발을 필요로 하는지 살피는 것이 출발점이 되어야 한다.

빠른 변화, 느린 지원 체계

최근 5년은 언어 교육 현장의 격동기였다. 2020년 코로나 팬데믹으로 모든 수업이 온라인으로 전환되면서 교사들은 준비 없이 온라인 플랫폼을 통해 수업을 운영해야 했다. 교실 수업이 겨우 정상화되자마자 2022년 말 생성형 AI가 등장해 교육의 판도를 다시 뒤흔들었다. 불과 몇 년 사이 두 번의 큰 기술 전환기를 거친 셈이다. 이러한 경험은 교사들에게 새로운 기술을 학습하고 교육 경험을 돌아볼 기회를 제공하기도 했지만, 동시에 준비 없이 변화에 직면해야 하는 부담으로 작용하기도 했다(Ahn & Chi, 2023). 문제는 교사들이 체감하는 교육 현장의 변화 속도에 비해 이를 뒷받침하는 제도와 연수 체계는 여전히 과거의 틀에 머물러 있다는 점이다.

현행 한국어 교원 자격 과정은 국가에서 정한 표준에 따라 다섯 개 영역의 필수 과목을 이수해야 한다. 한국어학, 일반언어학 및 응용언어학, 한국어 교육론, 한국문화, 한국어 교육 실습으로 구성된 이 영역들은 문법·어휘, 교수법, 문화 이해 등 한국어 교사라면 반드시 필요한 전통적 한국어 교육 역량을 중심으로 설계돼 있다. 하지만 이 과정에는 테크놀로지나 AI 기술 같은 디지털 역량 교육에 대해서는 명시적으로 규정하고 있지 않다. 한국어 교재론이나 언어교수이론 등의 일부 과목에서 디지털 도구 활용을 간접적으로 다루는 경우가 있지만, 교수자 재량에 따른 부수적 내용일 뿐, 의무 이수 과목으로 편성된 사례는 거의 없고, 별도 과목으로 학위 과정에서 제공하는 경우도 거의 없다. 2021년 국립국어원에서 진행한 "한국어 교원 양성 교육과정 개발 연구"에 따르면

208개 학위 과정과 30개 학점 은행 과정, 124개의 대학원 과정이 운영되고 있는데, 개설 교과목 비율은 이 5개 영역에 집중되어 있다. 예를 들어 학부 과정의 경우에는 한국어 교육론 영역이 전체 과목의 46.3%를 차지한다. 디지털 리터러시나 AI, 온라인 도구 및 기술 역량을 다루는 독립 교과는 확인하기 어려웠다. 이는 자격 취득 과정이 기술 역량에 대한 현장 요구를 제대로 반영하지 못하고 있음을 보여 주는 것이다.

현직 교사 대상 재교육이나 연수 과정도 상황이 크게 다르지 않다. 그나마 표준 자격 과정에 비해서는 최근 요구에 맞추어 AI 관련 워크숍 등이 열리긴 하지만 대부분 단기 워크숍이나 집합 교육 형태로 운영되며, 이러한 워크숍들은 일방향적 전달 중심이라는 한계가 반복된다(서경혜, 2005). 이 방식은 시간과 비용 측면에서 효율적이라는 장점이 있으나, 일부 교사에게만 기회가 주어지고(박민신 · 윤여탁, 2019), 개별 교사의 구체적 요구나 현장 맥락은 반영하기 어려워 실제적 적용이 어렵기도 하다. 또한 기관 내에서 이뤄지는 연수의 경우에는 내용이 잘 공유되지 않아 기관 간 교사들의 역량 편차가 클 가능성이 있다.

이러한 교사 교육 구조는 급변하는 언어 교육 환경과

현장 요구 간의 괴리를 낳고 있다. 코로나 팬데믹과 AI 도입으로 교수·학습 환경은 변화를 맞았으나 표준 자격 과정과 교사 연수 모두 여전히 기술 역량을 체계적으로 다루지 않기 때문에, 교사들 사이의 AI 활용 경험과 인식은 크게 엇갈릴 수밖에 없다. 앞선 2021년 국립국어원 연구에서도 예비 교원들이 온라인 교육 역량과 디지털 도구 활용 능력을 키우는 것이 필요하다고 응답했지만, 제도는 아직까지 그 요구를 따라가지 못하고 있다. 그 결과, AI 잠재력에 대한 인식은 있지만 활용 방법을 잘 몰라 수업에 적용하지 못하거나, 기관의 불명확한 정책 때문에 시도조차 하지 못하는 사례가 많다. 이러한 격차는 결국 학습자의 경험에도 직접적인 영향을 미친다. 따라서 단발성 연수나 하향식 지침을 넘어, 지속적이고 협력적인 연수 모델을 통해 교사의 디지털 리터러시와 AI 활용 역량을 실질적으로 강화하는 접근이 필요하다.

AI 시대, 교사의 역할 재정의와 탐구적 실천

전통적으로 교사의 역할은 알고 있는 지식을 학생들에게 전달하는 지식 전달자였다. 그러나 오늘날의 언어 교실에서 교사는 일방적으로 지식을 주입하기보다 학생들이 의미를 스스로 구성할 수 있는 환경을 설계하고, 토론과 상호작용을 촉진하는 학습 촉진자(facilitator)에 가깝다. AI 시대의 한국어 교사는 여기에서 한 걸음 더 나아가, AI가 제공하는 정보를 선별해 한국어 학습 목표에 맞게 조정하고, 인간만이 줄 수 있는 정서적 · 문화적 요소를 결합하는 협력자(collaborator)가 되어야 할 것이다.

기술 발전 속도는 매우 빠르고, 그에 맞춰 교사에게 요구되는 역량도 빠르게 변화하고 있다. 교사 지원 체계가 이 변화를 즉각적으로 따라잡기는 어렵기 때문에 제도적 지원은 점진적으로 개선돼야 하고, 동시에 교사 스스로도 변화하는 환경 속에서 자신의 수업과 역할을 성찰하며 대응 방안을 모색할 필요가 있다. 교사는 성찰과 반성(reflection)을 통해 자신의 신념을 세우고 지식을 내재화할 수 있으며, 이를 통해 교실에서의 실제 행동이 발현된다. 따라서 연수나 교육 및 재교육뿐 아니라, 자신의 교실 맥락에서 맞춤형 고민을 하고 이를 토대로 성장해 나가려는 노력이 필요하다.

이때 주목할 만한 접근법이 바로 탐구적 실천(exploratory practice)이다(안재린, 2022; Allwright, 2003; Hanks, 2017). 탐구적 실천은 문제의 진단과 해결보다 현상을 깊이 이해하는 데 목적을 두고, 교사가 수업 중 느낀 의문에서 출발해 이러한 의문을 '왜' 질문으로 재

구성해 탐구해 나가는 과정이다. 예를 들면 '왜 학생들은 AI를 쓰고 싶어 할까?' 혹은 '왜 AI를 이 수업에서 쓰는 게 도움이 되지 않을까?' 등과 같이 긍정적 · 부정적 상황 모두 탐구 대상이 될 수 있다. 수업 자체를 탐구 도구로 삼아 연구와 수업을 분리하지 않고 진행하므로, 별도 시간이나 큰 자원이 필요하지 않아 장기적으로 지속 가능하다. 또한 교사 개인의 성찰뿐 아니라 동료 교사, 학습자와의 협력적 탐구로 이어져 공동의 전문성을 키우는 데 기여할 수 있다.

한국어 교육은 다문화 교실, 유학생, 취미 학습자 등 학습자 맥락이 다양하다. 탐구적 실천은 이렇게 각 교실의 특수성을 반영한 자기 맥락의 질문을 탐구할 수 있게 해 주며, 이를 통해 교사는 AI 활용의 장단점을 더 깊이 이해하고 신념을 정립할 수 있다. 나아가 이런 이해가 쌓이면 향후 AI 활용 방안이나 정책 및 교원 교육 과정 설계에도 기초 자료가 될 수 있다.

AI 시대의 교사 전문성은 정답을 아는 전문가가 아니라 함께 질문을 던지고 이해 과정을 이끄는 협력자로 재정의되어야 한다. 개인의 작은 질문에서 출발해 동료와 학습자와 함께 탐구하는 자세는 교사 전문성의 지속적 성장을 가능하게 하며, 가장 현실적이면서도 지속 가능한 길이 될 것이다.

참고문헌

국립국어원(2021.1.22). "한국어교원 양성 교육과정 개발 연구", https://www.korean.go.kr/front/reportData/reportDataView.do?mn_id=207&searchOrder=years&report_seq=1066&pageIndex=1

김보현(2024). "생성형 AI 기반 에듀테크의 한국어 교육 적용 가능성과 쟁점: 대학 한국어 교사의 인식과 생성형 AI의 특성을 중심으로". 《교양교육연구》, 18(6), 291-307쪽, https://www.kci.go.kr/kciportal/ci/sereArticleSearch/ciSereArtiView.kci?sereArticleSearchBean.artiId=ART003163095

박민신·윤여탁(2019). "한국어 교사의 역량 강화를 위한 교사 재교육의 실태와 개선 방향: 온라인 한국어 교사 재교육 프로그램을 중심으로". 《교육문화연구》, 25(6), 329-349쪽, https://www.kci.go.kr/kciportal/landing/article.kci?arti_id=ART002542107

박서욱 외(2025). "생성형 인공지능의 교육적 적용에 대한 한국어 교사 인식 연구". 《외국어로서의 한국어교육》, 77, 27-62쪽, https://www.kci.go.kr/kciportal/ci/sereArticleSearch/ciSereArtiView.kci?sereArticleSearchBean.artiId=ART003206560

서경혜(2005). "반성과 실천: 교사의 전문성 개발에 대한 소고". 《교육과정연구》, 23(2), 285-310쪽, https://www.kci.go.kr/kciportal/ci/sereArticleSearch/ciSereArtiView.kci?sereArticleSearchBean.artiId=ART001134709

안재린(2022). "이해와 협력 그리고 지속가능성: 교사 전문성 신장을 위한 탐구적 실천 방안에 대한 고찰". 《한국어교육》, 33(4), 209-234쪽,

https://www.kci.go.kr/kciportal/ci/sereArticleSearch/ciSereArtiView.kci?sereArticleSearchBean.artiId=ART002900969

Ahn, J.(2020). Understanding teachers' beliefs and practices in technology use in a Korean language classroom through exploratory practice. University of Wisconsin-Madison, Doctoral dissertation, https://asset.library.wisc.edu/1711.dl/TPEUFX4AKTZSB82/R/file-d1cb1.pdf

Ahn, J. & Chi, Y-K.(2023). 'Are we really back to normal?': A qualitative study on language teachers' teaching practices during the post-COVID-19 era. *Language teaching research*, pp.1-19, https://journals.sagepub.com/doi/10.1177/13621688231205668?icid=int.sj-abstract.citing-articles.2

Allwright, D.(2003). Exploratory practice: Rethinking practitioner research in language teaching. *Language teaching research,* 7(2), pp.113-141, https://www.researchgate.net/publication/249870641_Exploratory_Practice_rethinking_practitioner_research_in_language_teaching

Borg, S. (2003). Teachers' involvement in TESOL research. *TESOL Matters,* 13(2), pp.1-8.

Cabellos, B. et al.(2024). University teachers' beliefs about the use of generative artificial intelligence for teaching and learning. *Frontiers in Psychology, 15*, 1468900, https://www.frontiersin.org/journals/psychology/articles/10.3389/fpsyg.2024.1468900/full

Hanks, J.(2017). *Exploratory Practice in Language Teaching: Puzzling About Principles and Practices.* Palgrave Macmillan, https://www.researchgate.net/publication/313679872_Exploratory_Practice_in_Language_Teaching_Puzzling_about_principles_and_practices

Levin, T. & Wadmany, R.(2006). Teachers' beliefs and practices in technology-based classrooms: a developmental view. *Journal of research on technology in education*, 39(2), pp.157-181, https://files.eric.ed.gov/fulltext/EJ768874.pdf

Liu, M. H. & Kleinsasser, R. C.(2015.2). Exploring EFL teachers' CALL knowledge and competencies: In-service program perspectives. *Language Learning & Technology, 19*(1), pp.119-138, https://www.lltjournal.org/item/10125-44405/

Nguyen, T. C.(2023). University teachers' perceptions of using ChatGPT in language teaching and assessment. *Proceedings of the AsiaCALL International Conference, 4*, pp.116-128, https://asiacall.info/proceedings/index.php/articles/article/view/81

안재린

한국 조지메이슨대학교 고전 및 현대언어학과 조교수다. 이화여자대학교에서 국어국문학과 영어영문학을 전공했으며, 동 대학교 국제대학원 한국학과에서 외국어로서의 한국어 교육 석사학위를 받았다. 이후 미국 위스콘신-매디슨대학교 교육대학원 교육과정과 교수법(Curriculum & Instruction)학과에서 세계 언어 교육(World language education) 세부 전공으로 박사학위를 취득했다. 졸업 후 위스콘신-매디슨대학교 아시아 언어문화학과 한국어 프로그램에서 강의 교수로 재직하며 미국 국가안보국(NSA) 스타톡 한국어·문화 아카데미(STARTALK Korean Language and Culture Academy) 책임 강사, 플래그십 프로그램 헤드 튜터, 한국어기숙사 프로그램 디렉터 및 한미 공동 하계 집중 어학 프로그램 강사 등 다양한 역할을 맡아 한국과 미국에서 폭넓은 교수 경험을 쌓았다. 주요 연구 분야는 교사 교육과 교수법, 테크놀로지를 활용한 언어 교육이다. 최근에는 한국어 교육에서 AI 인식과 활용을 중심으로 연구하고 있으며, KCI, SSCI, SCOPUS 등재 학술지에 다수의 논문을 게재했다.